COLLECTION G...

DEUXIÈME ET TROISIÈME PARTIES

N° 1114.
OUAN-YI « AUX MILLE BRAS. »

ŒUVRES D'ART

ET DE

HAUTE CURIOSITÉ

DE LA

CHINE ET DU JAPON

COLLECTION G...

CATALOGUE

DES DEUXIÈME ET TROISIÈME PARTIES

DES

ŒUVRES D'ART ET DE HAUTE CURIOSITÉ

DE LA

CHINE ET DU JAPON

RÉDIGÉ PAR

M. E. DESHAYES

Conservateur-Adjoint au Musée GUIMET

LE PRÉSENT CATALOGUE SE TROUVE

A

Paris . . . . Chez M⁰ Lair-Dubreuil, Commissaire-Priseur, 6, rue de Hanovre.

— Chez M. S. Bing, Expert, 10, rue Saint-Georges.

— Chez M. Arthur Bloche, Expert près la Cour d'Appel, 51, rue Saint-Georges.

Londres . . . . Chez M. F. Davis, 149, New Bond Street.

Rome . . . . Galerie Sangiorgi, Palais Borghèse.

Francfort-sur-Mein. Chez MM. Goldschmidt, joailliers, 15, Kaiserstrasse.

— Chez M. Altmann, 3, Am Salzhaus.

Munich . . . . Chez MM. Bernheimer, 3, Maximilien-Platz.

Amsterdam . . . . . Chez MM. J. Boasberg, 63, Kalverstraat.

L'ordre des vacations sera affiché dans les Salles d'Exposition.

Paris. — Imp. de l'Art, E. Moreau et Cⁱᵉ, 41, rue de la Victoire

DEUXIÈME ET TROISIÈME PARTIES

COLLECTION CHINOISE

ET JAPONAISE

DEUXIÈME PARTIE

COLLECTION CHINOISE

AVANT-PROPOS

Les plus anciens cultes de la Chine sont le culte des Ancêtres et le culte des Esprits que domine le culte exclusivement rendu par les empereurs régnants à « l'Empereur suprême » Shang-ti.

Les doctrines de Confucius développèrent le culte des ancêtres et sa morale, et instituèrent le Confucianisme qui est en Chine, et dans les pays soumis à son influence le fond de la religion, si on peut ainsi dire, des classes cultivées.

Les doctrines de Lao-tze (Ve siècle avant J.-C.), en incitant l'homme à la recherche de la pureté, de la paix de l'âme, et de la vertu, — comme menant à l'absorption dans le grand principe Tao (l'âme universelle), immortel et incorruptible, — le conduisit à l'ascétisme, mais aussi à la recherche de l'elixir de longue vie (1).

Peu à peu, le Taoïsme eut ses génies et ses dieux, et actuellement c'est sous son nom que se groupe la multitude des dieux et des génies, autant que possible non bouddhiques, qu'adorent ou vénèrent les Chinois.

Le Bouddhisme fit une première apparition en Chine deux

(1) *Fêtes annuelles à Émoui*, De Groot, p. 695.

époux brûler des parfums et se prosterner dans la salle où sont, pour la circonstance, suspendus les portraits impériaux, puis aller brûler de l'encens devant l'image de Bouddha (1). D'autre part, le convoi funéraire des princes impériaux comprend des bonzes et des prêtres taoïstes.

« Le Li-pou-tseh-li, le grand livre officiel des instructions pour le Bureau des Rites », écrit M. de Groot, « prescrit, dans le chapitre sur les rites funéraires des empereurs que, lorsque le corps a été enlevé de la salle où il est mis en bière et gardé jusqu'au jour des funérailles, pour recevoir les sacrifices, cent-huit groupes de lamas devront être de service pour accueillir le corps à l'entrée, et encore que, à partir de ce jour, des lamas, en même temps que des prêtres bouddhistes et taoïstes, devront réciter des livres sacrés en cet endroit, sous la surveillance du département de la Maison impériale. Après le vernissage de la bière, celle-ci doit être ornée sur les quatre côtés, par les lamas, d'écrits tibétains (2) ».

J'ai classé les divinités de cette Collection, sculptures et peintures, en deux groupes : Bouddhisme et Taoïsme, en me servant des classements adoptés au Musée Guimet et du Guide qui les explique.

J'ai trouvé un très utile secours, pour déterminer certaines divinités dont les types m'étaient inconnus et ne figuraient pas dans nos vitrines, dans une série d'images peintes à l'aquarelle, faisant partie de la présente Collection et cataloguées sous les n°s 2235 à 2282.

J'avoue, d'ailleurs, n'avoir mis aucun amour-propre à diminuer quand même, ici, le groupe des divinités indéterminées. L'Iconographie religieuse chinoise est déjà bien assez encombrée d'à peu près, pour que j'augmente bénévolement cet encombrement.

Peut-être, dans des conditions de travail moins énervantes, moins étreint par des délais que j'ai acceptés trop courts, et dont l'étroitesse m'apparut de plus en plus, au fur et à mesure que je fis une connaissance plus intime avec les objets à cataloguer,

(1) *La cour de Pékin*, Maurice Courant, p. 250.
(2) *Sectarianism and religions persécution in China*, p. 128.

peut-être, dis-je, serais-je arrivé à mieux faire, en ayant la ferme volonté. En tous cas, j'ai essayé de suppléer à l'absence de déterminations par des descriptions assez précises.

Quant aux transcriptions des mots chinois en français, j'ai pris celles que me fournissaient les étiquettes du Musée Guimet ou les livres que j'employais, si bien que dans bien des cas l'unité peut manquer; mais je n'ai pas toujours eu les caractères chinois pour m'orienter, et de plus on risquerait de faire de lourdes erreurs en transcrivant en langage mandarin, par exemple, les noms ou les épithètes employés à Émoui pour désigner certains dieux, ces noms et épithètes pouvant parfaitement être inconnus dans ce langage.

Voici la liste des ouvrages qui m'ont particulièrement servi dans mon travail :

ANDERSON. *Catalogue of a Collection of Japanese and Chinese paintings in the British Museum.*

BOUTSOU-ZÒ-DZOU-I. *Publication japonaise reproduisant un grand nombre de divinités et donnant leurs noms.*

CHAVANNES. *De l'Expression des vœux dans l'art populaire chinois.*

DUMOUTIER. *Symboles et accessoires du culte chez les Annamites (Annales du Musée Guimet).*

DUMOUTIER. *Le Rituel funéraire des Annamites.*

EITEL. *Chinese Buddhism.*

FOUCHER. *Iconographie bouddhique.*

GROOT (DE). *Religions system of China.*

GROOT (DE). *Fêtes annuelles à Emoui (Annales du Musée Guimet, t. XI et XII).*

GRUBE (W.). *Zur Pekiner Volkskunde.*

GRÜNWEDEL. *Mythologie du Bouddhisme au Tibet et en Mongolie.*

MAYERS. *Chinese Reader's Manual.*

MILLOUÉ (DE). *Guide du Musée Guimet.*

PANDER. *Das Pantheon des Changtscha Hutuktu.*

WADDEL. *The Buddhism of Tibet.*

E. DESHAYES,
Conservateur-adjoint du Musée Guimet.

SCULPTURES ET OBJETS DIVERS

I

DIVINITÉS BOUDDHIQUES

ÇAKYAMUNI NAISSANT

Çakyamuni naissant faisant les gestes de la prise de possession du monde : de la main gauche il montre le ciel, de la droite il montre la terre.

1075 — Çakyamuni naissant. Debout sur un lotus. Vêtu seulement d'un tablier qui forme plastron sur son ventre, est noué par derrière autour de sa taille et est retenu devant par un cordon suspendu à son cou.
Bronze doré ciselé sur la ceinture.

1076 — Çakyamuni naissant. Même que le précédent. Un petit tablier en coton brodé, suspendu au cou du dieu et attaché par derrière au-dessous de ses cuisses, cache la moitié inférieure de la sculpture.
Bronze doré ciselé sur la ceinture figurée sur la sculpture.

1077 — Çakyamuni naissant. Il est debout sur un lotus, son tablier noué par derrière et retenu devant par un cordon passé autour

de son cou. Ses pieds sont simulés des flots desquels émergent un poisson, un cheval, une tortue, un animal surmonté d'un coquillage ?
Bronze.

1078 — ÇAKYAMUNI NAISSANT. Debout sur le lotus, vêtu du tablier noué par derrière et retenu à son cou par un cordon.
Bronze.

1079 — ÇAKYAMUNI NAISSANT. Debout sur un lotus.
Bronze.

1080 — ÇAKYAMUNI NAISSANT. Orné de bracelets autour des bras, des poignets, des chevilles. Vêtu du tablier retenu à sa taille par un cordon noué sur le devant.
Bronze recouvert de laque dorée brune.

1081 — ÇAKYAMUNI NAISSANT. Debout sur un socle, vêtu du tablier retenu à son cou, mais intentionnellement relevé et dont l'angle inférieur est replié en avant.
Bronze doré patiné.

1082 — ÇAKYAMUNI NAISSANT. Vêtu de l'écharpe, une de ses extrémités retombant devant, l'autre derrière.
Bronze.

1083 — ÇAKYAMUNI NAISSANT. Debout sur un lotus. Il est simplement vêtu d'une écharpe disposée en travers sur sa poitrine ; elle va de son épaule gauche à son flanc droit, est nouée sur le devant et ses extrémités tombent en longs rubans flottants, devant son ventre. Le lotus, élevé sur une plate-forme à balustrade hexagonale, est maintenu par un feuillage ornemanisé et par une feuille de sagittaire.
Bronze.

1084 — ÇAKYAMUNI NAISSANT. Il est debout sur un socle hexagonal que surmonte une balustrade faite de dragons qui redressent la tête. Le soubassement du socle est orné à chaque angle d'un personnage demi-nu.
Métal recouvert de laque dorée brune.

1085 — ÇAKYAMUNI NAISSANT. Debout sur un lotus. Un petit tablier en soie brochée habille la sculpture.
Bois doré.

LE BAPTÊME DE ÇAKYAMUNI

1086 — LE BAPTÊME DE ÇAKYAMUNI PAR LES NAGAS. Çakyamuni enfant, debout sur un lotus et montrant d'une main le ciel et de l'autre la terre, est représenté à l'intérieur d'une pagode hexagonale à double toit, aux angles relevés et ornés de dragons. Les colonnes qui soutiennent ces doubles toits sont elles-mêmes enlacées de dragons dont les têtes s'avancent vers Çakyamuni. A la base de l'édifice se voient quatre Naga-radjas qui semblent le soutenir.
Bronze.

ÇAKYAMUNI

Bronze

1087 — ÇAKYAMUNI debout sur un lotus, la main droite levée, la main gauche dirigée vers la terre. Il a les cheveux bleus. Il est vêtu de la robe qui fait de nombreux plis circulaires sur sa poitrine (1). Les plis d'une écharpe sont simulés par des lignes ondulées en bas-relief allant de ses avant-bras à ses cuisses.
Bronze. Les mains, les pieds, le visage de la statuette sont dorés, ses cheveux sont peints en bleu.

(1) Voir le n° 177 de la Collection Tibétaine.

1088 — ÇAKYAMUNI debout, la tête surmontée d'une tiare, le front orné du signe ûrnâ. La main droite levée ; la main gauche dirigée vers la terre. Les lobes de ses longues oreilles sont ornées de boutons en forme de fleur. Il est vêtu de trois vêtements qui se dépassent l'un au-dessous de l'autre. Celui de dessus drapé de la même manière que sur la statuette précédente. Une écharpe, retenue à son cou, tombe devant sur ses cuisses.
Bronze.

1089 — ÇAKYAMUNI debout sur un lotus. La main droite manque, mais devait être levée ; la main gauche dirigée vers la terre. Il a le signe ûrnâ au milieu du front. Même costume que le n° 1088.

1090 — ÇAKYAMUNI assis, les jambes pendantes, sur un siège élevé, orné de godrons (pétales de lotus) à la base. Une gloire, ronde, enflammée, entoure sa tête par derrière. Il a sa main droite levée, sa main gauche posée sur son genou gauche.
Bronze doré et terni.

1091 — ÇAKYAMUNI assis, les jambes pendantes, devant une gloire découpée, chacun de ses pieds posés sur un lotus. Sa main droite appuyée sur son genou droit ; sa main gauche levée, son vêtement laissant nue la moitié droite de sa poitrine.
Petite statuette en bronze doré et terni.

1092 — ÇAKYAMUNI assis sur un lotus élevé, dont la tige est entourée d'une balustrade. Sur sa poitrine se voit le swastica.

1093 — ÇAKYAMUNI DANS LE NIRVANA. Il est couché, la tête appuyée sur un oreiller. A l'intérieur de la terrasse, qui lui sert de lit, devaient se trouver des reliques. Une plaque, décorée d'un ornement, fait de deux vajras croisés, dont le centre est occupé par les deux virgules qui représentent les deux éléments de la création, ferme le socle en dessous.
Bronze.

Bois

1094 — Çakyamuni pénitent assis sur un tertre, les deux mains appuyées sur sa jambe droite, pliée et redressée devant lui; sa jambe gauche pliée horizontalement et passant sous sa jambe droite. Ses cheveux sont frisés.
Bois laqué, or brun.

1095 — Çakyamuni couché.
Bois doré.

Céramique

1096 — Çakyamuni assis sur un lotus, élevé sur un socle. Il a sur la poitrine le swastica. Grès céladon. Le visage, la poitrine, les mains réservés en biscuit coloré en brun par le fer contenu dans la pâte et la couverte.

ANANDA
Un des principaux disciples de Çakyamuni

1097 — Ananda debout, les mains jointes.
Bronze doré.

1098 — Ananda. Les mains jointes. Debout sur un lotus.
Bronze, autrefois recouvert de laque dorée.

1099 — Ananda debout sur un lotus et les mains jointes.
Bronze.

1100 — Ananda debout, les mains jointes.
Bronze doré. Le crâne du personnage est peint en bleu-vert.

1101 — Ananda debout sur un lotus et les mains jointes.
Bronze recouvert de laque dorée.

MAHÂKAÇYÂPA

Un des principaux disciples de Çakyamuni

1102 — MAHÂKAÇYÂPA debout sur un lotus, les mains posées l'une sur l'autre, la paume en dessous, les pouces redressés, et devant sa poitrine.
Bronze autrefois recouvert de laque.

1103 — MAHÂKAÇYÂPA. Même attitude que le précédent.
Bronze recouvert de laque dorée.

1104 — MAHÂKAÇYÂPA. Même attitude que le n° 1102.
Bronze.

1105 — MAHÂKAÇYÂPA debout sur un socle quadrangulaire. Même attitude que le n° 1102.
Bronze.

AMITÂBHA (S.)

O-mi-to-fo (Ch.)

1106 — AMITÂBHA. O-mi-to-fo (Ch.), debout sur un lotus et vêtu de la robe de moine qui laisse à découvert son bras droit et une partie de sa poitrine de ce côté. Sa main droite ouverte, la paume en avant et dirigée vers le sol, geste de la charité. Sa main gauche ouverte, la paume en l'air est légèrement inclinée dans la même direction.
Bronze.

MAITREYA

1107 — MAITREYA debout sur un lotus à deux rangs de pétales opposés. La main droite ouverte, dirigée vers la terre, geste de la charité, la main gauche tenant une petite pagode posée sur un lotus et qui semble s'élever d'un nuage. Le dieu a le signe ûrnâ et l'ushnisha. Le sommet de sa tête se termine par une boule dorée.

Métal recouvert de laque dorée brune. L'intérieur de la statuette doit renfermer des reliques.

TI-TSANG-WANG POUSA

1108 — Ti-tsang-wang Pousa (Ch.). Ksitigarba (S.), le Jiso des Japonais, assis, une jambe relevée, le pied de l'autre jambe posé sur un lotus. Il tient d'une main le sistre, de l'autre le joyau. Il est entouré d'une gloire ronde.

Bronze autrefois laqué.

BODHISATVA

Jade

1109 — Bodhisatva assis, les jambes pliées horizontalement devant lui, la plante des pieds en l'air. Les deux mains posées l'une sur l'autre sur son genou. Sa tête est surmontée d'une tiare aux contours découpés en cinq lobes. Un collier pend à son cou. L'écharpe céleste flotte derrière sa tête et retombe jusqu'à terre après s'être enroulée autour de ses bras.

Jade rayable. Tous les ornements sont en métal et jouent librement.

TRINITÉ BOUDDHIQUE

1110 à 1112 — Trois divinités en appliques. Assises sur des nuages. Peut-être Amitâbha, Avalokiteçvara et Mahasthâma.

KOUAN-YIN

Kouan-yin (Avalokiteçvara), une des divinités les plus populaires de la Chine et du Japon. On la donne comme la déesse de la miséricorde et de la grâce, elle est parfois invoquée comme déesse de la mer et les femmes stériles lui adressent leurs prières. Peut-être se confond-elle ici avec une des neuf princesses (Niang-niang). Elle est représentée de manières très variées. C'est une divinité d'aspect féminin, parfois à plusieurs têtes et à plusieurs bras (jusqu'à mille). Elle est souvent accompagnée de deux enfants : Long-nou qui lui présente une perle précieuse. Hoang-tchen-saï qui tient généralement un vase ou a les mains jointes. A ses côtés, se voient également un vase et un oiseau, et elle tient quelquefois un enfant assis sur un de ses bras ou sur ses genoux. Assez fréquemment sa haute coiffure est recouverte d'un châle qui s'arrête sur ses épaules ou descend jusqu'à terre, ne se distinguant plus alors de sa longue robe (1). Avalokiteçvara s'est confondu en Chine avec la déesse Kouan-yin dont la légende comporte l'histoire fabuleuse d'une jeune fille nommée Miao-chen, que certains récits font vivre en 2587 av. J.-C. (2).

GRANDE KOUAN-YIN
D'une matière particulière

1113 — Elle est assise dans une attitude très gracieuse. Le corps légèrement penché en avant, le bras droit tendu reposant sur le genou de sa jambe droite relevée, la main de ce bras inclinée nonchalamment vers la terre ; sa main gauche s'appuie sur le sol. Une sorte de châle lui recouve les épaules et le haut des bras. Son ample robe laisse sa poitrine et son côté droit nus. Son pied gauche repose sur une fleur de lotus. Elle a le signe ûrnâ au milieu du front. Ses cheveux se relèvent en un haut chignon. Elle porte un diadème à cinq lobes, chacun de ceux-ci décorés de l'un des Dhyani-bouddhas. Sa robe à fond rouge et bordure noire est décorée sur le fond rouge de rinceaux à fleurons de lotus et de dragons finement tracés au trait d'or. La bordure est décorée de lotus également dorés.

Grande statue d'un très bel art et de dimensions inusitées. Sorte de carton.

---

(1) V. De Groot : *Fêtes annuelles à Emoui.*
(2) De Groot : *Fêtes annuelles à Emoui*, p. 188 (*Annales du Musée Guimet*, t. XI et XII).

GRANDE KOUAN-YIN
dite aux mille bras

1114 — Kouan-yin dite aux mille bras, Sahasra-pana (S). Elle est debout, chacun de ses pieds pose sur un lotus ouvert, entouré de boutons de la même plante, l'ensemble supporté par des enroulements simulant des nuages. Des enroulements de même genre s'élèvent derrière elle, lui formant une gloire. Elle a au milieu de son front le troisième œil. Sa tête est surmontée devant sa chevelure relevée en haut chignon, d'un petit bouddha assis (Amitâbha). Elle a vingt-quatre bras. Deux de ses mains sont ramenées devant elle, la main droite se posant sur le poignet gauche. Les mains droites portent successivement du haut en bas : une petite Kouan-yin debout sur un lotus et devant une gloire enflammée; un objet; la roue dans les nuages, la lune, un objet?, la bannière, le lotus, le poignard à lame triangulaire, la sonnette, le vajra ; les mains gauches : l'épée, un petit temple, la roue dans les flammes, une flèche, un objet ?, la conque, la lance, le bouclier, la flèche, l'arc, le vase.

Grande sculpture en bois laqué et doré, la dorure patinée par le temps. Malgré ses nombreux bras, cette statue garde une attitude charmante. Les proportions du corps sont observées. Les plis des vêtements sont exécutés avec une très grande science décorative, la jupe, dans le bas, s'enlève légèrement de coté.

KOUAN-YIN DIVERSES
Bronze

1115 — Kouan-yin assise sur un lotus, dont la tige s'élève au milieu d'une plate-forme hexagonale à six pieds, entourée d'une balustrade. Elle a l'ûrnâ. Elle est vêtue du manteau qui s'ouvre sur sa poitrine où se voit le svastica et le haut d'un vêtement de dessous attaché à sa taille par un cordon noué sur le devant. Ses deux mains sont réunies devant sa poitrine, les doigts pliés : ceux de droite sur ceux de gauche, sauf les index qui forment entre eux une petite arcade. Son front est surmonté d'un diadème à cinq lobes occupés chacun par un des Dhyani-bouddhas assis. Deux longs rubans tombent de son diadème sur ses épaules.

Bronze doré, patiné, ciselé.

1116 — Kouan-yin type analogue au précédent, mais son diadème lobé n'est pas orné des Dhyani-bouddhas. Elle n'a ni l'ûrnâ, ni le swastica, et elle fait un geste, le même, de ses deux mains ramenées devant sa poitrine et inclinées vers la terre. Chaque main réunit le pouce et l'annulaire et en rapproche l'auriculaire de ces deux doigts, les autres doigts formant comme les cornes.

Bronze doré sur le visage, la poitrine, les mains, les pieds de la déesse. Le reste du personnage et le lotus autrefois recouverts de laque dorée, dont il reste des traces.

1117 — Kouan-yin. Même type que le n° 1116, avec le swastica, l'ûrnâ et les cinq bouddhas sur le diadème.
Bronze doré et ciselé.

1118 — Kouan-yin. A l'enfant et à la haute coiffure recouverte du châle qui lui tombe sur les épaules. Au milieu de son diadème est Amitâbha assis. De la main droite, elle fait le geste de l'enseignement. De la main gauche, elle retient debout dans son giron un enfant. Celui-ci tient de sa main droite un objet qui a la forme d'un vase muni d'une sorte de crochet à la partie inférieure, et tient sur sa main gauche un lingot.
Métal recouvert de laque dorée, brunie.

1119 — Kouan-yin à l'enfant. Même type que le n° 1118, mais sa main droite tient une boule et repose, inclinée vers la terre, sur son genou droit, qui est relevé. Sa main gauche retient l'enfant assis sur sa jambe gauche. L'enfant prie, mains jointes.
Bronze doré, ciselé.

COLLECTION CHINOISE

1120 — KOUAN-YIN à l'enfant. Même type que le n° 1118, mais sans diadème. Elle tient l'enfant assis sur sa main gauche et lui soutient la tête par derrière de la main droite. L'enfant prie, mains jointes.
Bronze.

1121 — KOUAN-YIN, à l'enfant. Même type que le n° 1118, avec l'Amitâbha au milieu de son diadème. Elle est assise sur un rocher élevé au-dessus de la mer. Sa main droite posée sur sa jambe droite est dirigée vers la terre, la paume en dessous. De sa main gauche elle retient, assis sur sa jambe gauche, l'enfant qui prie, mains jointes.
Kouan-yin en bronze doré, patiné, ciselé. Le socle en bronze noir.

1122 — KOUAN-YIN, a une tête et dix-huit bras. Assise sur un lotus, dont la tige s'élève au milieu d'une plate-forme hexagonale à six pieds et entourée d'une balustrade. Elle a un œil au milieu du front. Elle a l'écharpe qui lui recouvre les épaules et retombe sur le lotus, après avoir passé sur ses bras. Elle a les parures habituelles. Son haut diadème porte au milieu un petit Amitâbha assis. Deux de ses bras sont ramenés devant sa poitrine, et les mains de ces bras sont jointes, pouce contre pouce, les index dressés contre les annulaires qui forment ensemble une petite arcade, les autres doigts pliés les uns contre les autres. Les autres bras s'écartent à droite et à gauche du corps. Les mains tiennent différents attributs. Une main de droite manque; ces attributs sont à droite: une épée, un chapelet, une autre épée, une hache, le poignard, une coiffure chinoise, une main est ornée d'un œil dans sa paume. Les attributs de gauche sont: le parasol, la fleur de lotus, le vase, le lacet, la roue, la conque, un autre vase, le livre. De chaque côté de la tige sont deux Nagas, debout, vêtus et coiffés à la chinoise, et tenant le kouëi (tablette honorifique) d'une main.
Bronze doré, ciselé.

1123 — KOUAN-YIN. Même type que le précédent avec huit bras. Six de ses bras sont ramenés devant sa poitrine; deux des mains de ces bras font le geste indiqué pour le n° 48. Des quatre autres, l'une est levée, la paume en avant, ornée d'un œil; la seconde porte un objet peu définissable, la troisième un livre, l'attribut de la quatrième manque. Les autres bras sont écartés du corps. Les attributs tenus par leurs mains sont : à droite l'épée, le chapelet, la perle, la hache, une autre épée, une masse. A gauche, le premier objet en haut manque, viennent ensuite : le livre, le lacet, la roue, la conque, le vase à couvercle.

1124 — KOUAN-YIN, à dix-huit bras. Même type que le n° 1122. Les deux mains ramenées en avant font le geste décrit. Les autres écartées du corps tiennent, sauf une, ouverte et montrant un œil sur sa paume, différents attributs, parmi lesquels se voient l'épée, la hache, la massue, le lotus, le vase à couvercle, la lune, le lacet, la conque, le livre, la roue. De chaque côté de la tige du lotus des Nagas analogues à ceux, en même place du n° 1122.

1125 — KOUAN-YIN assise, une jambe relevée sur un rocher, élevé sur une terrasse à bordure ajourée. Elle a le diadème orné, au milieu, du petit Amitâbha. De chaque côté du rocher s'élève une petite tige portant, celle à la droite de la divinité un vase, celle à sa gauche un oiseau. Sur la terrasse, à droite, Long-nou tenant la perle; à gauche, Hoang-tchen-saï priant; sur le devant une fleur de lotus.

Métal autrefois recouvert de laque dorée, dont il ne reste que quelques traces.

1126 — KOUAN-YIN au châle. Debout sur un lotus. Sa main gauche enfouie dans la manche droite de son manteau, sa main droite tenant un vase d'où s'élève une branche de saule.

Bronze doré.

1127 — KOUAN-YIN assise sur un lotus, les jambes pliées horizontalement devant elle. Son chignon élevé est recouvert du châle qui retombe sur ses épaules. Ses cheveux sont peints

en bleu. Elle tient de la main droite le sistre à anneaux. Un trou dans cette main et dans la main gauche indique qu'elle tenait un ou deux autres objets qui manquent. Derrière elle, une gloire en forme de feuille de figuier au milieu évidé. L'intérieur de la statuette contient sans doute des reliques.
Bronze doré.

1128 — KOUAN-YIN (Très curieuse statuette de) assise sur un rocher élevé au-dessus des flots. Elle est dans l'attitude de la grande Kouan-yin reproduite ici, mais son pied gauche, au lieu de reposer sur un lotus, repose sur un quadrupède fantastique à tête de dragon unicorne (?) Son front est surmonté d'un diadème au milieu duquel se voit un petit Amitâbha assis. Sur le rocher, à sa gauche, le vase. Du même côté, debout sur une terrasse, Hoang-tchen-saï, les mains jointes. Derrière la divinité, sorte de gloire formée de deux dragons qui se redressent de chaque côté et enlacent leurs queues au milieu.
Bon bronze ancien doré, mais très enfumé.

1129 — KOUAN-YIN assise sur un rocher, le front surmonté d'une tiare où se voit Amitâbha assis. Son bras droit repose nonchalamment sur le genou de sa jambe droite relevée. Son bras gauche est accoudé sur le rocher, qui se relève de ce côté, formant une petite borne sur laquelle repose nn oiseau. A terre, à droite de la divinité, une aiguière.
Bronze.

1130 — KOUAN-YIN assise sur le lotus. Elle est coiffée de la tiare lobée, et devant son chignon relevé se voit une petite statuette d'Amitâbha assis. De chaque main, elle tient une branche de fleur qui se redresse le long de son bras.
Bronze.

1131 — KOUAN-YIN assise, faisant le geste de la méditation, les deux mains posées l'une sur l'autre, la paume en l'air, dans son giron. Elle est coiffée d'une tiare surmontée de médaillons ovales lobés. Devant le médaillon du milieu se voit un petit bouddha assis (Amitâbha).

Bronze autrefois recouvert de laque dorée, en grande partie écaillée.

1132 — LONG-NOU debout sur un lotus, présentant sur une étoffe le joyau dans une coupe. L'écharpe céleste flotte derrière sa tête.
Bronze.

1133 — KOUAN-YIN assise sur un lotus, tenant une boule sur ses deux mains superposées dans son giron. Haute coiffure ornée sur le devant d'un petit Amitâbha assis.
Bronze.

1134 — KOUAN-YIN (?) assise, tenant devant elle un objet indistinct. Au dos de la statuette, une inscription peu lisible.
Vieux bronze.

1135 — KOUAN-YIN assise, le front surmonté d'un diadème en partie brisé. Elle fait un geste mystique de la main gauche. La main droite manque.
Bronze autrefois recouvert de laque brune dorée. Il en reste des traces.

1136 — KOUAN-YIN assise. Sa main droite manque et l'objet qu'elle tenait de la main gauche manque également.
Bronze brun.

1137 — KOUAN-YIN assise sur un rocher. A sa gauche, l'oiseau. Devant elle, à ses pieds, une fleur de lotus. A sa gauche, se tenait sans doute Hoang-tchen-saï.
Bronze autrefois recouvert de laque brune dorée.

1138 — KOUAN-YIN assise sur un socle, le bras droit accoudé sur un lotus qui s'élève du sol. Elle a la tête nue, ses cheveux tombent en deux lourdes mèches sur ses épaules.

Vieux bronze recouvert par place d'un enduit doré. Le socle est très moderne.

1139 — Kouan-yin assise sur un rocher, son pied gauche reposant sur un lotus. Elle tient le livre roulé. A sa droite et à sa gauche, le rocher se dresse et supporte, à droite, l'oiseau, à gauche, le vase.

1140 — Kouan-yin assise sur l'éléphant de Samantabhadra.
Petit bronze.

1141 — Kouan-yin assise sur le lion.
Petit bronze.

1142 — La même.

1143 — Kouan-yin debout sur un socle et vêtue à la chinoise. Elle tient l'enfant. Sa chevelure ? s'élève en formant un cône, ornée de huit boutons ronds. Elle a le front ceint d'un bandeau assez large décoré, sur le devant, d'un bouton analogue à celui de la chevelure, mais carré.
Métal recouvert de laque brune dorée sur la divinité, peint en rouge sur le socle.

1144 — Kouan-yin assise sur un siège à deux rangs opposés de godrons (pétales de lotus). Elle tient à deux mains dans son giron, et comme Amitâyus, un vase. Sur son dos, écrit en noir, le signe " Fou ", bonheur, plusieurs fois répété.
Bronze recouvert d'un enduit brun, doré et très enfumé.

Bois divers, Racine de Mandragore, Ivoire

1145 — Kouan-yin assise, les jambes pliées horizontalement devant elle. La main droite posée dans son giron, la paume en l'air, le pouce et l'index réunis; la main gauche levée. Ses cheveux relevés au sommet de sa tête en un chignon incliné en arrière; deux mèches tombent et se divisent sur chacune de ses épaules. Elle est vêtue de la robe du moine laissant voir le haut de sa poitrine, ornée de rangs de colliers de perles et de pendeloques.

Bois recouvert de laque dorée brune. Un espace écaillé dans le dos indique une ouverture par laquelle on a introduit des reliques à l'intérieur de la statuette.

1146 — Kouan-yin. Sur un tronc d'arbre.
Bois.

1147 — Kouan-yin. Assise sur une borne élevée.
Bois doré, très enfumé.

1148 — Enfant. Agenouillé, les mains croisées sur son genou droit relevé.
Bois noir.

1149 — Le même. Même attitude, mais inverse, le genou gauche relevé.

1150 — Kouan-yin. Assise sur un lotus à deux rangs de pétales opposés. Elle tient l'enfant sur sa main droite. Une petite statuette d'Amitâbha assis surmonte son front, entre deux coques de ses cheveux recouvertes du châle.
Bois tendre.

1151 — Petite Kouan-yin. Assise, tenant sur sa jambe gauche pliée un enfant qui lui tend une tige de lotus. De sa main droite la divinité tient un chapelet.
Buis.

1152 — Kouan-yin assise de côté sur un rocher et s'appuyant du bras gauche sur une balustrade. Son pied droit posé sur le corps d'un dragon, dont la tête se redresse vers elle.
Très vieux bois noirci par la fumée.

1153 — Hoang-tchen-saï debout.
Bois laqué brun.

1154 — Kouan-yin debout sur un lotus qui s'élève sur l'onde, auprès d'une feuille roulée et d'un bouton (?) de la même plante. Elle est vêtue d'une robe qui s'ouvre sur sa poitrine ornée de colliers, et est serrée à sa taille par une ceinture dont elle tient les pans écartés de son corps, de sa main gauche. Ses cheveux sont dressés en trois grosses coques et retenus par un cordon noué par derrière sous une sorte de peigne. Au-dessus de son front se voit la petite figure d'Amitâbha assis.

Vieux bois recouvert de laque dorée, brune, ternie et en partie écaillée. La main droite de la divinité manque.

1155 — Petite Kouan-yin debout sur une terrasse tenant d'une main un bol, de l'autre un objet? Son manteau forme capuchon sur sa haute coiffure.

Bois tendre, doré, très terni.

1156 — La même.

1157 — Kouan-yin. Coiffée du châle, son chignon orné de trois perles enflammées.

Racine de mandragore.

1158 — Kouan-yin debout sur une fleur de lotus et portant l'enfant. Celui-ci tient une fleur de sa main droite et un livre de sa main gauche.

Statuette en ivoire.

1159 — Kouan-yin assise tenant l'enfant, et à l'oiseau perché au-dessus d'elle sculptée en haut-relief, sur un tronc d'arbre.

Cristal de roche

1160 — Kouan-yin debout, tenant un livre roulé.
Cristal de roche.

1161 — Kouan-yin debout.
Cristal de roche.

Jade

1162 — Kouan-yin assise sur un lotus tenant de sa main droite un chapelet. Sa main gauche est ouverte devant sa poitrine et de profil.
Jade gris-verdâtre translucide.

1163 — Kouan-yin assise, reposant son bras gauche sur un support formé d'un pied à griffe et tête de lion auquel aboutit devant un bras horizontal et derrière une sorte de longue langue ondulée. Sur le front de Kouan-yin, devant son haut chignon que recouvre son manteau, un petit Amitâbha assis.
Jade brûlé ?

1164 — Petite Kouan-yin debout, tenant l'enfant et comme sculptée dans une pousse de bambou.
Jade gris.

1165 — Petite Kouan-yin assise.
Jade.

1166 — Kouan-yin debout sur un lotus.
Jade gris-verdâtre, petit socle en forme de lotus et en pierre de lard.

Pierre de lard

1167 — Kouan-yin debout au milieu des nuages. Elle tient un panier d'où sort un poisson. Derrière elle est un Fong-Hoang et au-dessus un demi-disque (lune ? soleil ?) sur un lotus ? ou un nuage.
Pierre de lard enfumée.

1168 — Petite Kouan-yin assise.
Pierre de lard.

1169 — Kouan-yin assise sur un lotus au-dessus d'un étang, duquel s'élèvent d'autres fleurs et des boutons de lotus. A sa droite devait être un personnage. A sa gauche, Hoang-tchen-saï.
Pierre de lard brune.

1170 — Kouan-yin à l'enfant assise, une jambe relevée.
Pierre de lard jaunâtre.

1171 — Kouan-yin assise, une jambe relevée, tenant sur sa main gauche, et incliné sur son genou droit, un petit enfant tout nu qui porte une tige de lotus.
Pierre de lard.

1172 — Kouan-yin assise sur un lotus élevé sur un piédestal. Elle tient un chapelet.
Pierre de lard blanche.

1173 — La même, sans lotus.
Pierre de lard verdâtre.

1174 — Même que la précédente, le chapelet est brisé.
Pierre de jard verdâtre.

1175 — Long-nou.

1176 — Hoang-tchen-saï. (Devant former groupe avec la Kouan-yin n° 1172.)

1177 — Kouan-yin tenant l'enfant et agenouillée, un genou en terre, l'autre relevé sur un lotus.
Pierre de lard.

Porcelaine. — Grès. — Faïence.

1178 — Kouan-yin assise dans une chapelle à double toit. A droite et à gauche de l'entrée de la chapelle et, à sa base, Long-nou et [Hoang-tchen-saï. Plus haut, des deux côtés de cette entrée étaient représentés, en haut-relief, l'oiseau et le vase.

Porcelaine à couverte bleu-turquoise, laissant le biscuit apparent pour les têtes et le haut du corps de la divinité ; pour la tête, une partie du vêtement et le haut du corps de Hoang-tchen-saï.

1179 — Kouan-yin assise sur un rocher, devant et à la base duquel sont figurés en relief deux dragons, des poissons, une fleur. A droite et à gauche de la déesse, sur deux bornes, le vase et un livre. Debout à ses pieds, Long-nou et Hoang-tchen-saï. Kouan-yin tient l'enfant assis sur ses genoux. La tête de l'enfant manque.

Belle porcelaine blanche à couverte crémeuse.

1180 — Kouan-yin assise sur un lotus élevé sur les flots et entouré de boutons et de fleurs de lotus plus petits. Elle tient un bouton de lotus. A sa gauche, Hoang-tchen-saï.

Bonne porcelaine blanche.

1181 — Kouan-yin assise.
Porcelaine blanche. Biscuit à peine verni.

1182 — Kouan-yin assise.
Porcelaine blanche.

1183 — Kouan-yin assise, tenant de la main gauche un volume roulé.

Porcelaine blanche, recouverte de laque dorée, en partie écaillée.

1184 — Kouan-yin debout, tenant un enfant dans ses bras.
Porcelaine blanche.

1185 — Kouan-yin assise entre Long-nou et Hoang-chen-saï.
Porcelaine blanche.

1186 — Kouan-yin sur un lotus, son manteau lui enveloppant la tête. Elle fait un geste des deux mains.
Porcelaine blanche.

1187 — La même.

1188 — La même.

1189 — La même.

1190 — Kouan-yin assise tenant un livre roulé de la main gauche.
Porcelaine blanche.

1191 — Kouan-yin assise, une jambe pliée et relevée. Elle porte un collier à pendeloques. Le châle qui recouvre sa tête et tombe sur ses épaules est émaillée bleu. Ses mains mobiles sont en métal doré. La terrasse sur laquelle elle est assise est colorée en rouge de fer.
Porcelaine.

1192 — Kouan-yin assise tenant l'enfant sur un de ses bras et une branche de lotus de la main droite. Le châle qui recouvre sa tête, ainsi que le haut de son vêtement, sont en céladon bleu.
Porcelaine blanche céladonnée.

1193 — Kouan-yin assise sur un rocher à la base duquel est un dragon. Elle tient l'enfant. A sa gauche et à sa droite, le vase, l'oiseau, Long-nou et Hoang-tchen-saï.
Porcelaine blanche.

DEUXIÈME PARTIE

1194 — Kouan-yin assise, une jambe relevée et tenant un livre roulé.
Porcelaine blanche.

1195 — Kouan-yin assise sur une borne simulant les flots et sur laquelle s'élèvent des lotus. Elle tient un bouton de lotus.
Porcelaine blanche.

1196 — Kouan-yin assise sur un socle élevé, les mains posées l'une sur l'autre et dans son giron. A côté d'elle, le vase et l'oiseau. Devant : Long-nou, Hoang-tchen-saï et un bol.
Blanc de Chine.

1197 — Kouan-yin assise, une main posée sur sa cuisse droite, l'autre main appuyée sur le sol.
Porcelaine à couverte jaunâtre.

1198 — Kouan-yin assise sur un lotus. Elle tient l'enfant sur ses genoux. A sa droite et à sa gauche sont le livre, le vase et les deux petits personnages, Long-nou et Hoang-tchen-saï. Un dragon est représenté à la base du lotus.
Porcelaine blanche.

1199 — Kouan-yin assise sur un lotus entre un oiseau et un vase portés chacun par une tige de cette même plante. La divinité tient dans ses bras un enfant.
Porcelaine blanche.

1200 — Kouan-yin assise, les mains réunies sous son manteau.
Porcelaine à couverte blanche jaunâtre, d'aspect très gras.

1201 — Kouan-yin assise tenant un livre roulé de la main droite.
Porcelaine recouverte de laque dorée.

1202 — Kouan-yin assise, tenant l'enfant sur ses genoux.
Porcelaine décorée d'émaux polychromes.

1203 — Kouan-yin assise, tenant un enfant sur son genou droit.
Porcelaine décorée.

1204 — Kouan-yin assise sur un lotus, tenant un enfant sur ses genoux. A sa droite l'oiseau.
Porcelaine décorée.

1205 — Kouan-yin assise sur un lotus, les mains enveloppées dans son manteau.

1206 — Kouan-yin debout. Elle tenait un enfant dans ses bras, mais celui-ci manque, ainsi que la main droite de la divinité.
Porcelaine décorée.

1207 — Kouan-yin assise tenant un livre et entre Long-nou et Hoang-tchen-saï.
Grès décoré en brun de manganèse sous couverte crémeuse craquelée.

1208 — Kouan-yin assise entre un vase et l'oiseau.
Grès sous couverte crémeuse. Le socle de la statuette coloré en brun de manganèse.

1209 — Kouan-yin assise sur un rocher, la jambe droite relevée, la jambe gauche pendante.
Céladon. Le visage et les mains réservées en biscuit coloré en rouge par le fer contenu dans les matières.

1210 — Statuette d'enfant riant simplement vêtu d'un tablier.
Porcelaine à couverte blanche céladonnée. Le tablier en céladon bleu.

1211 — Le même.

1212 — Le même.

1213 — Le même.
Couverte blanche céladonnée.

1214 — Kouan-yin assise sur un haut rocher et tenant un enfant sur ses genoux.
Terre cuite sous couverte bleu-turquoise.

1215 — Kouan-yin assise sur un socle décoré du dragon en bas-relief.
Terre cuite sous engobe blanc. Détails de la sculpture exécutés en brun de manganèse.

1216 — Kouan-yin assise, portant un enfant sur ses genoux. A ses pieds, est le dragon. A sa droite et à sa gauche : le vase, l'oiseau. Long-nou et Hoang-tchen-saï.
Faïence craquelée.

1217 — Kouan-yin assise devant une auréole. Une jambe relevée, une jambe pendante. Derrière elle, d'un côté un vase, de l'autre un oiseau.
Terre cuite sous engobe blanc et rouge et dont les détails sont exécutés en brun de manganèse.

1218 — La même.

1219 — Kouan-yin (Petite statuette de) assise sur un rocher.
Terre cuite à verni brun doré sur la divinité.

HOANG-TCHEN-SAI
Bronze

1220 — Hoang-tchen-saï debout, porte l'écharpe sacrée flottant derrière sa tête.
Bronze.

1221 — Hoang-tchen-saï debout sur lotus, l'écharpe sacrée flottant derrière sa tête.

1222 — Hoang-tchen-saï debout, la tête coiffée d'une feuille de lotus.
Bronze.

1223 — HOANG-TCHEN-SAÏ debout sur socle. L'écharpe sacrée flotte derrière sa tête. Ses cheveux sont arrangés en trois coques nouées, deux sur les côtés, l'une sur le milieu de sa tête. Les bords de son vêtement sont ornés.
Bronze doré et ciselé.

1224 — HOANG-TCHEN-SAÏ (?) debout sur socle, tenant sur sa main droite un petit brûle-parfum qu'il maintient de la main gauche.
Bronze. (Peut aussi être le satellite du dieu de la nombreuse postérité.)

Bois

1225 — HOANG-TCHEN-SAÏ debout. Les mains | et es pieds manquent.
Bois laqué brun.

1226 — HOANG-TCHEN-SAÏ debout.
Bois laqué brun doré. Mutilé.

LONG-NOU

Bronze

1227 — LONG-NOU debout sur socle. Les cheveux noués en deux coques sur le haut de la tête. Il tient le joyau sur une étoffe qui cache ses deux mains.
Bronze doré, ornements ciselés sur les bords du vêtement. Socle bronze noir.

1228 — LONG-NOU debout sur lotus à deux rangs opposés de pétales. L'écharpe céleste flotte derrière sa tête. Il présente sur une étoffe qui lui cache les mains le joyau posé sur un plateau.
Métal recouvert de laque brune dorée.

1229 — Long-nou au joyau et à l'écharpe, debout sur un socle. La statuette en bronze doré. Le joyau et le socle en bronze ordinaire.

1230 — Long-nou au joyau et à l'écharpe.
Bronze.

1231 — Long-nou sur socle; les deux mains ramenées en avant et cachées par une étoffe. L'objet qu'il devait tenir manque.
Bronze. Le visage du personnage doré et enfumé.

1232 — Long-nou debout sur un lotus, tenant le joyau sur un plateau et sur une étoffe. L'écharpe céleste flotte derrière sa tête.
Métal recouvert de laque dorée brune sur le personnage, de laque rouge sur le lotus. La laque est ternie et en partie écaillée.

Bois

1233 — Long-nou au joyau et à l'écharpe. Ses deux touffes de cheveux s'élevant plus haut que sur les autres exemplaires du même personnage.
Vieux bois recouvert de laque dorée.

1234 — Long-nou debout sur un lotus.
Bois recouvert de laque brune dorée.

1235 — Long-nou debout sur un lotus, les mains jointes.
Bois laqué brun et doré.

1236 — Long-nou au joyau, debout sur un lotus.
Bois recouvert de laque dorée brune.

1237 — Long-nou tenant le joyau sur un plateau recouvert d'une étoffe.
Bois laqué brun.

COLLECTION CHINOISE

Pierre de lard

1238 — Long-nou. Debout sur un lotus.
Pierre de lard brune foncée.

LES QUATRE GARDIENS DU MONDE (LOKAPÂLA)

ou les Quatre Grands Rois Çatur Maharadjas

Virudhaka (*Chinois, Tseng-Kang-tien-wang, Jap. Zo-tcho-ten*), *gardien du Sud, tient l'épée. Sa coiffure est quelquefois faite d'une peau de tête d'éléphant.*
Vaisravana ou Koubera (*Ch. Towen-tien-wang; J. Bishamon*), *gardien du Nord. Tient généralement d'une main une longue lance, de l'autre un reliquaire. On lui donne aussi le rat et la bannière.*
Virupaksa (*Ch. Koang-mou-tien-wang; J. Komokou*), *gardien de l'Ouest, roi des Nagas, tient d'une main un dragon ou un serpent, de l'autre un joyau.*
Dhritarasthra (*Ch. Si-Kuoch-tien-wang; J. Jikokou*), *gardien de l'Est, roi des Gandharvas (musiciens célestes). Joue d'une sorte de mandoline.*

Bronze

1239 à 1241 — Trois des Lokapâla, debout sur une terrasse :

1239. Dhritarasthra jouant de son instrument de musique :

1240. Virupaksa tient de la main droite le serpent enlacé autour de son bras, de la main gauche le joyau qu'il montre au serpent.

1241. Vaisravana tient de la main droite un rat qui vomit quelque objet. L'objet que le dieu devait tenir de la main gauche manque.
Bronze moderne.

1242 — Vaisravana debout sur socle bois, tenant d'une main un reliquaire, de l'autre faisant un geste.
Métal recouvert de laque dorée.

1243 — Vaisravana debout, tenant le reliquaire de la main gauche.

Bronze, autrefois laqué.

1244 — Vaisravana (?). Sa tête est entourée de l'écharpe flottante et surmontée d'un diadème où se voit un bouddha assis.

Bronze, autrefois laqué.

1245 — Vaisravana debout, sur un socle en bois. Il fait de la main droite un geste mystique dirigé vers le sol. De la main gauche, il tenait sans doute le reliquaire.

Statue, métal recouvert de laque dorée.

1246 — Vaisravana (?) debout sur un rocher d'où sort un dragon. Il tient de la main gauche le reliquaire, de la droite il fait un geste mystique

Bronze.

1247 — Vaisravana tenant un reliquaire de la main gauche, un rat de la main droite.

Statuette, bronze sans doute destiné à être laqué.

Bois

1248 à 1251 — Les quatre Lokapâla (?) assis, une jambe relevée.

1248. Vêtu d'une sorte de fichu, d'une écharpe, d'une jupe, coiffé d'une dépouille de tête d'éléphant (coiffure caractéristique de Virudhaka). Il a des bottes. Il pose ses deux mains sur une boule qui surmontait sans doute la poignée d'une épée.

1249. Vêtu du fichu, de l'écharpe, de la jupe et portant des bottes, comme le précédent. Sa coiffure est probablement aussi une tête d'animal, mais elle est mutilée. Il pose son poing droit sur sa jambe droite relevée et sa main gauche sur sa cuisse gauche.

1250. Vêtu du fichu, d'un justaucorps serré à la taille par une écharpe à laquelle se rattache un ornement pendant, en forme de poisson. Il est coiffé d'un étroit chapeau recouvrant le haut de son chignon. Il a les pieds nus et les jambes enveloppées dans une étoffe drapée. Sa main droite est posée sur sa cuisse droite. Son bras gauche est levé, la main de ce bras est horizontale, la paume en l'air.

1251. Vêtu du fichu, de l'écharpe, de la jupe. Comme le précédent, il a les pieds nus et les jambes enveloppées dans une étoffe drapée. Il a un diadème à fleurs de lotus. Ses deux mains sont l'une sur l'autre, posées sur sa jambe droite repliée.

Ces quatre divinités ont les seins assez proéminents. Par leur altitude, et leur aspect, elles rappellent certaines sculptures du Gandara.

Bois sculptés recouverts de laque dorée brunie.

1252-1253 — Deux des Lokapâla assis sur un rocher : Dhrisarasthra jouant de son instrument de musique. Le pied droit posé sur un singe. La jambe gauche soutenue par une jeune femme debout. Virupaksa tenant de la main droite le serpent, de la gauche, le joyau. Son pied droit posé sur un enfant.

Bois polychromé ancien.

1254-1255 — Deux Lokapâla debout écrasant un démon, l'un sous son pied droit (1254), l'autre sous son pied gauche. Leurs têtes d'aspect terrible sont surmontées d'une tiare et derrière elle flotte l'écharpe céleste. Ils ont les bras, le torse les jambes nus et leurs muscles sont très saillants. Une jupe est attachée à leur taille et s'envole en arrière. Leurs reins sont entourés d'une écharpe épaisse, peut-être une peau de bête nouée sur le devant et décorée de rinceaux fleuris. Le n° 1254 appuie sa main gauche sur une longue épée fichée en terre et dont la poignée est terminée par une boule. Il a sa main droite fermée et relevée. Le n° 1255 tient sur sa main gauche une épée analogue à celle sur laquelle s'appuie la divinité précédente, mais ici l'épée à la pointe en l'air. La main droite de cette statuette fait un geste : les doigts pliés, le pouce redressé.

Bois sculpté et laqué.

1256 à 1258 — Trois petites divinités assises dans des attitudes analogues à celles des précédentes, une jambe relevée, mais coiffées et costumées à la chinoise. Les trois ont l'écharpe céleste, flottante derrière leur tête :

1256. Divinité à longue barbe rouge, les deux mains posées sur une épée dont la poignée est terminée par une boule.

1257. Divinité à barbe noire, le poing droit posé sur la jambe droite relevée.

1258. Divinité imberbe. La main gauche posée sur la jambe gauche relevée ; la main droite ouverte la paume en l'air devant sa poitrine.

Bois sculpté sous laque brune dorée.

1259-1262 — Les quatre Lokapâla debout dans des anfractuosités de rochers qui recouvrent leurs têtes. Ils ont le torse, les bras et les pieds nus ; une coiffure qui semble faite d'une étoffe enroulée et qui s'élève en pointe. Ils avancent plus ou moins l'un ou l'autre pied et sont plus ou moins cambrés.

1259. Tient de sa main droite levée un anneau, sa main gauche manque.

1260. Tient, la pointe en l'air sur sa main droite, un sabre à lame triangulaire dentelée et à poignée terminée par une boule.

1261. Lève le poing droit. L'objet qu'il tenait de sa main gauche fermée manque.

1262. Ferme le poing droit devant son ventre, sa main gauche manque.

Bois sculpté.

Nº 186. LOHAN, BRONZE.

LOHANS (S.) ARHAN, ARHAT, ou RAKAN
disciples de Bouddha

On en compte seize ou dix-huit principaux, mais leur nombre est porté parfois à cinq cents et même à douze cents. Les artistes chinois et japonais ont souvent représenté les Lohans, surtout les dix-huit principaux. Cependant, en peinture, on compte des séries de cinq cents dans l'Œuvre de plusieurs de leurs grands maîtres. L'art pictural de la dynastie de Song (960-1260), paraît avoir affectionné particulièrement la représentation de ces personnages.

Bronze.

1263 — LOHAN regardant en l'air. Assis, les jambes pliées devant lui, le pied gauche en dehors. Il appuie ses deux bras sur un animal accroupi dans son giron. Le personnage est en bronze, que recouvrait autrefois de la laque brune; le support en terre séchée. Ce dernier est très mutilé. La tête manque ainsi que les extrémités des pattes qui tombent en poussière.

1264 — Lohan assis, vêtu de la robe de moine qui laisse nu son bras droit et une partie de sa poitrine. Ses deux mains ramenées dans son giron sont posées l'une sur l'autre, les pouces opposés.
Bronze. Les mains et la tête du personnage sont peints couleur chair.

1265 — Lohan assis. Même attitude que le précédent, mais les mains et la tête de celui-ci sont peints en blanc.
Bronze.

1266 — Lohan assis. Son attribut manque.
Bonze doré et peint en rouge et en noir.

Bois. — Ivoire. — Racine de Mandragore

1267 — Lohan assis sur terrasse sculptée, vêtu de la robe des moines, ses longs cheveux rejetés en arrière, tombant sur son dos. Le bras droit accoudé sur sa jambe droite relevée, la jambe gauche pliée horizontalement devant lui. Sa main gauche s'appuie sur le sol. Derrière cette main est un coussin.
Bois recouvert de laque dorée brunie.

1268 — Personnage ayant l'aspect d'un Lohan. Il est assis sur un lotus et tient un rat de sa main gauche. Sa main droite est levée devant son épaule, de ce côté, le pouce et l'index réunis. Le rat ferait de ce personnage le dieu ou un acolyte du dieu de la richesse.

1269 — Lohan tenant le petit lion. Il est assis sur un fauteuil élevé sur lotus.
Bois recouvert de laque dorée brune.

1270 — Lohan debout, vêtu de la robe du moine. Il tenait de la main droite un objet.
Ivoire.

1271 — Le Lohan Ta-mô assis sur un tronc d'arbre.
Racine de mandragore.

1272 — Le Lohan Ta-mô tenant un sceptre et assis sur un tronc d'arbre.
Racine de mandragore.

Matière agglomérée

1273 — Quinze statuettes représentant des Lohans assis sur des rochers et faisant différents gestes. L'un d'eux, à la poitrine et au gros ventre nus (Poutaï) n° 1273, est accompagné de deux petits enfants. Ces statuettes sont faites d'une matière agglomérée, dorée en or jaune, recouverte par places d'un léger enduit brun. Les rochers sont en bois, à dorure verdâtre. La plupart de ces statuettes, sinon toutes, renferment des reliques, sans doute de ces prières roulées comme celles que l'on trouve à l'intérieur des divinités tibétaines.

Porcelaines et grès

1274 — Lohan assis sur un rocher battu par les flots et vers lequel se dresse un dragon.
Blanc de Chine.

1275 — Le Lohan Ta-mô. Grès sous couverte flambée, bleu grisâtre, à dessous brun-rouge. La tête, en biscuit, est colorée en brun par le manganèse.

1276 — Lohan assis, tenant un livre ouvert.
Porcelaine émaillée bleu et céladon sur les vêtements.

Pierre de lard

1277 — Lohan assis. Pierre de lard.

1278 — Lohan au cœur ouvert. Au milieu de sa poitrine se voit une tête de bouddha.

1279 — Lohan tenant le sceptre et le chapelet.

1280 — Lohan caressant le lion et tenant le chapelet.

1281 — Lohan tenant un petit support. L'objet qui était dessus manque.

1282 — Lohan tenant une pêche et ayant auprès de lui un singe.

1283 — Lohan tenant un petit rocher.

1284 — Lohan tenant une pêche.

1285 — Lohan assis sur un terrain. Portant un petit lion.

1286 — Lohan tenant le pâtra, bol à aumônes.

1287 — Lohan utilisant un gratte-dos.

1288 — Lohan assis sur un tigre et tenant un anneau.

1289 — Lohan ayant auprès de lui le lion. Le personnage a la tête recollée.

1290 — Lohan tenant une branche de champignon d'immortalité.

N° 220. POUTAÏ. BOIS DORÉ.

POUTAI

Poutaï. Personnage qui vivait dit-on au X° siècle de notre ère et qui fut prêtre d'après une légende attachée à son nom. Il est resté célèbre pour sa grosseur, son amour des enfants, et l'habitude qu'il avait de porter toujours avec lui un grand sac. On en a fait une incarnation du bouddha futur, le Mi-lé-pousa (Maïtreya). Il figure parmi les Lohans.

Bronze

1291 — POUTAÏ assis, tenant d'une main le chapelet, de l'autre un pan de son vêtement. Il est coiffé d'une tiare à cinq divisions dans chacune desquelles se voit ou se devine l'un des cinq Dhyani-bouddhas.

Bronze.

1292 — Poutaï assis tenant d'une main le chapelet, de l'autre l'extrémité d'un sac sur lequel repose son bras. Il est coiffé de la tiare aux cinq Dhyani-bouddhas.
Bronze.

1293 — Poutaï assis, tenant d'une main le chapelet, de l'autre l'extrémité de son sac. Il est coiffé de la tiare aux cinq Dhyani-bouddhas.
Bronze autrefois laqué.

1294 — Poutaï assis.
Métal peint.

Bois

1295 — Poutaï assis sur un large fauteuil délicatement sculpté de dragons, sa main droite devait tenir le chapelet. De sa main gauche, il tient serrée l'ouverture du sac sur lequel son bras repose.
Grande statue, bois doré dont l'or est terni par le temps et l'encens.

1296 — Poutaï assis et entouré de son sac.
Bois noirci.

Porcelaine. — Grès. — Faïence.

1297 — Poutaï assis sur un fauteuil très bas dont les bras se terminent par deux têtes de dragons. Il tient fermé, d'une main, l'ouverture de son sac.
Porcelaine blanche céladonnée.

1298 — Poutaï assis.
Porcelaine décorée d'émaux polychromes.

1299 — Poutaï assis, tenant d'une main le chapelet, de l'autre l'extrémité de son sac.
Porcelaine autrefois recouverte de laque brune dorée. L'ouverture du sac et le chapelet peints en brun de maganèse.

1300 — Poutaï assis, s'appuyant à droite sur son sac, dont il tient l'ouverture fermée de la main de ce côté. Son autre main est posée sur son genou.

Grès sous émail épais craquelé, réservant la tête, les mains, la poitrine, le ventre, qui sont colorés en brun par le manganèse.

1301 — Poutaï assis sur une terrasse, la jambe droite relevée. Il tient le chapelet de la main droite, et tient fermé de l'autre l'ouverture de son sac d'où s'échappent quelques objets précieux.

Faïence émaillée, jaune et vert.

1302 — Poutaï assis sur un lotus. Sa main droite posée sur la jambe de ce côté, relevée, sa main gauche tenant fermée l'ouverture du sac.

Faïence émaillée, brun et vert.

1303 — Poutaï assis sur un rocher, une jambe relevée. Il tient de la main droite un poisson.

Faïence moulée, émaillée, brun, bleu-turquoise et violet.

1304 — Pou-taï assis sur un lion et tenant de la main droite une boule. Il tenait un autre objet de la main gauche, mais celui-ci manque.

Faïence moulée émaillée jaune, brun et vert.

1305 — Pou-taï assis.
Faïence.

1306 — Pou-taï, ses cheveux relevés en deux boucles au-dessus de sa tête.
Terre cuite.

Pierre de lard

1307 — Pou-taï assis, tenant le chapelet et l'ouverture de son sac. Pierre de lard.

1308 — Pou-taï tenant d'une main le chapelet, de l'autre l'ouverture de son sac (?) duquel il semble sortir quelque objet.
Pierre de lard jaunâtre.

Perle

1308 *bis* — Pou-taï en relief, sur une écaille d'huître perlière, encadrée d'une auréole flammelée.

LES GARDIENS DES PORTES DES TEMPLES
Matière agglomérée

1309-1310 — Shen-shu et Yu-lu. Les deux gardiens de temple, tous deux debout sur un socle élevé sur une estrade. L'écharpe flotte derrière leur tête. Tous les détails de leur costume de guerrier et aussi de leur casque sont très nettement et très soigneusement exécutés. Les casques sont ornés de deux ailettes ; leur partie frontale est surmontée de deux dragons que sépare un oiseau et à leur sommet s'élève un fer de lance à triple tranchant, garni au-dessous de touffes de poils. L'un des gardiens tient une lance dont le fer est analogue à celui qui termine son casque. L'autre tient une sorte de massue terminée en poignard à trois lames, qui n'est autre que le poignard tibétain grandi.

Ces statuettes sont faites d'une matière agglomérée lourde. Les socles et les estrades sont en bois sculpté. Statues, socles et estrades sont recouverts de laque dorée brune.

N° 1311.
Gardien des Portes.

N° 1312.
Gardien des Portes.

Bronze

1311-1312 — Les deux gardiens des portes. Le premier debout sur un lotus. La main droite levée, le pouce et l'index réunis, la main gauche fermée devait tenir un objet. Son visage est grimaçant, ses longs sourcils de même que ses yeux sont inclinés l'un vers l'autre. Il a une longue barbiche et ses favoris tombent en deux longues mèches de chaque côté de son visage. Il est vêtu en guerrier. Son casque qui se relève en arrière, en projetant deux rubans de chaque côté d'une boule, est orné autour du front d'un bandeau, au milieu duquel se voit une tête de lion surmontée, comme l'arrière du casque, d'une boule rouge. Les pans de sa cotte de mailles, sur les côtés, sont relevés à l'aide d'anneaux passés dans des crochets. Le second gardien est également debout sur un lotus, en costume de guerrier et coiffé d'un casque en pointe. L'écharpe céleste flotte derrière sa tête. Il a les mains jointes.

Bronze doré.

1313 — Un des gardiens des portes debout sur une terrasse. La main droite levée, l'index et l'auriculaire montrant le ciel. Il tient de la main gauche un fauchard. Il est coiffé d'un chapeau plat projetant de chaque côté et un peu en arrière une haute ailette. Au milieu de la coiffure, au-dessus du front, est un bouton. L'écharpe céleste flotte derrière sa tête. Il est comme le n° 1311 et le n° 1312 revêtu d'un costume militaire. Une première ceinture vient se nouer sur sa poitrine, sous une sorte de disque. Une seconde ceinture ou écharpe, nouée sur son ventre, et dont les extrémités très longues tombent jusqu'à terre, maintient sur ses reins un corselet fermé sur le devant par un mufle de lion qu'un cordon rattache au nœud de la première ceinture.

Bronze recouvert de laque brune dorée ternie.

1314 — UN DES GARDIENS DES PORTES à longue barbiche, debout sur une terrasse, les mains jointes, mais les doigts pliés.
Bronze.

1315 — UN DES GARDIENS DES PORTES debout sur une terrasse, les mains jointes.
Bronze.

Bois.

1316 — GARDIEN DE TEMPLE. Guerrier debout sur un socle et tenant une hallebarde. Il porte toute sa barbe, ses épais sourcils très inclinés l'un vers l'autre. Il est coiffé d'un chapeau aux bords retroussés, surmonté d'un pompon, et rejeté en arrière. Il est vêtu d'une cotte de mailles dont les manches, aux épaules, débouchent de mufles de lions et qui est en partie recouverte dans le haut d'une sorte de pèlerine très étroite et sur la poitrine d'un double corselet drapé maintenu, au-dessus du ventre, par un cordon noué sur le devant; autour de la taille, par une ceinture bouclée sur le côté et dont les ornements rappellent les pierreries qui l'orneraient dans la réalité. Les cuisses du personnage sont garanties par une jupe de mailles à trois pans. Ses jambières et ses chaussures sont aussi en partie faites de mailles. Les pans d'une robe de dessous ainsi d'ailleurs que des pans d'étoffes entourant ses jambes flottent vers la gauche.

Grande statue en bois doré bruni et très soigneusement exécutée. Le socle et le revers de la coiffure sont peints en rouge.

1317-1318 — Deux personnages en costume militaire et agenouillés, une jambe relevée, sur un socle simulant des nuages. Ils sont coiffés d'un casque au sommet duquel s'élève une touffe de crins rouges. Tous deux présentent à deux mains un plateau dont l'un porte un petit rocher ; leurs costumes et leurs coiffures sont ceux des gardiens des temples. Leurs visages diffèrent quelque peu. Tous deux sont jeunes et imberbes, mais celui qui tient le rocher a les sourcils plus forts et plus relevés que ceux de son compagnon, ses yeux et sa bouche plus ouverts.

Bois dorés.

1319 — Un des gardiens des portes ? Personnage debout sur terrasse tenant un grand fauchard de la main droite. Son bras gauche légèrement tendu en arrière, la main de ce côté ouverte, la paume vers le sol. Il est revêtu du costume du guerrier que recouvre une sorte de manteau largement ouvert sur le devant. Son casque a une visière relevée en diadème. Le personnage a la barbe et la moustache frisées.

Bois recouvert de laque dorée brune.

1320 — L'un des gardiens des portes. Debout sur un tronc d'arbre et dans une niche simulant des nuées. Il a les mains jointes.

Bois noirci par la fumée.

ASCÈTE

1321 — Ascète assis sur une terrasse dont les sculptures semblent indiquer des nuages, ses cheveux sont frisés à la manière de ceux de Çakiamuni. Il appuie son menton sur ses deux mains posées l'une sur l'autre sur le genou de sa jambe droite pliée et ramenée devant lui ; sa jambe gauche est pliée horizontalement et passe sous sa jambe droite. Le personnage est vêtu d'une pèlerine et d'une courte jupe, toutes deux en feuillages.

Bois laqué or bruni.

DIVINITÉS BOUDDHIQUES DIVERSES
Bronze

1322 à 1324 — Trois petites statuettes très frustes élevées sur un socle en forme de haut tabouret à quatre pieds :

1322. Divinité assise sur un siège, élevée sur une colonne hexagonale? à la base, puis ronde au-dessus et recouverte d'une étofte. Elle paraît assise, les jambes croisées. Elle tient sa main droite ouverte, la paume en avant, et sa main gauche pose sur son genou. Elle est coiffée d'une sorte de chapeau dont le haut se projette en pointe en avant. Elle paraît avoir une barbiche. Une gloire ovale découpée s'élève derrière sa tête et se termine au sommet en lame de sabre triangulaire.

1323. Divinité debout sur un lotus, qui a l'aspect de deux cônes opposant leur sommet. Elle a les bras écartés, la main gauche levée, la main droite semblant tenir un objet. Sa coiffure paraît être une calotte terminée en peinte, serrée en son milieu par un cordon. Derrière sa tête s'élève une gloire ovale découpée qui se termine au sommet en lame de sabre, mais sur laquelle certains reliefs permettraient de distinguer un visage, des vêtements croisés, un lotus.

1324. Divinité analogue à la précédente. Elle est debout, sur une colonne, lève la main droite et paraît appuyer sa main gauche sur un bouton de lotus dont la tige monterait de la colonne sur laquelle elle repose. La tige qui surmontait la gloire ovale qui entoure sa tête a été brisée.

1325 — Divinité debout sur un lotus? supporté par un socle à base octogonale et reposant sur une sorte de tabouret à quatre pieds analogue à celui signalé sous les statuettes n°s 1322 à 1324. La divinité est coiffée d'une haute tiare; son bras gauche est relevé vers son épaule. Près de celle-ci s'épanouit un lotus dont la tige se dresse sur le socle. La partie droite de la statuette manque, mais ce qu'il en reste indique qu'une tige de lotus devait s'élever aussi de ce côté. Le geste de la main, ici, ne se laisse pas deviner. La divinité est coiffée d'une haute tiare. Sur la base se voit une inscription peu lisible.

COLLECTION CHINOISE 43

Ces quatre statuettes sont d'un même genre de fabrication, bien que celle des n°s 1322 à 1324, paraisse être plus ancienne que celle du n° 1325. Leur partie antérieure est plate, les gloires des n°s 1322 à 1324, le siège du n° 1322 forment des ressauts, selon la forme des moules où elles ont été fondues. Les trois premières statuettes rappellent quelque peu celles qui sont reproduites dans le Kin-che-so, livre d'Épigraphie chinoise publié en chinois et en Chine, en 1822 (t. III. Métal), et dont l'une est datée de la cinquième année de Tien-tong des Tsi du Nord (569).

1326 — DIVINITÉ assise sur un lotus supporté par un paon, posé lui-même sur un lotus. Elle a les jambes pliées horizontalement devant elle, la plante des pieds en l'air. Elle tient un jou-i, (sorte de sceptre, emblème de bonheur). Elle est vêtue d'un manteau qui s'ouvre sur sa poitrine où pendent des colliers et qui laisse voir le haut de son vêtement de dessous, retenu à sa taille par une ceinture d'étoffe nouée sur le devant. Deux lourdes mèches de ses cheveux tombent sur ses épaules où elles se ramifient : Son front est ceint d'un diadème au milieu duquel est un ornement triangulaire (peut-être des perles superposées en pyramides) élevé sur un lotus. La divinité est en bronze doré ciselé. Le paon en bronze très enfumé et montrant des traces de dorure.

1327 — DIVINITÉ assise sur un lotus, les jambes pliées horizontalement devant elle, la main droite ramenée, la paume en l'air dans son giron ; la main gauche devant sa poitrine et paraissant tenir une boule entre le pouce et l'index. Sa coiffure très particulière est une sorte de calotte plate à couvre-nuque.
Vieux bronze.

1328 — DIVINITÉ assise sur le lotus ovalisé à double rang de pétales. Elle est vêtue d'un manteau qui s'entrouvre sur sa poitrine et laisse voir le haut d'une jupe serrée autour de sa taille. Son front est ceint d'un haut diadème orné de pendeloques et surmonté de différents ornements, celui du milieu semblant être un croissant. Elle tient de ses deux mains posées à plat dans son giron, les paumes en l'air, un pâtra et de chacune d'elles part une tige de lotus que termine, vers ses épaules, à droite une boule, à gauche un livre.

Bronze laqué.

1329 — Divinité assise sur le lotus ovalisé, vêtue d'un manteau qui s'ouvre sur sa poitrine et laisse voir le haut d'une jupe serrée à sa taille. Elle a le diadème et les colliers des Bodhisatvas. Elle fait le geste de la bénédiction. Sa main gauche est à plat, paume en l'air, dans son giron.

Bronze laqué.

1330 — Divinité debout sur un lotus, ses cheveux sont relevés en un haut chignon orné d'une torsade et forment en deux nattes qui se divisent sur ses épaules. Le front est surmonté d'un diadème découpé et ajouré d'où pendent de chaque côté des cordons qui se redressent ondulés. Au milieu du diadème se voit un vase entouré de flammes. La divinité porte des boucles d'oreilles, un collier et des bracelets. Elle tient de la main droite une branche de lotus? de la gauche, elle fait un geste.

Cuivre doré.

1331 — Divinité debout sur un lotus. La même que 1330, mais ne tenant rien de sa main droite qui fait un geste de prédication. Le diadème et autres ornements qui la parent sont enrichis de pierreries.

1332 — Divinité debout sur un lotus portant à deux mains devant elle un lotus dressé sur un plateau. Elle est vêtue de la robe du moine ouverte sur la poitrine. Ses cheveux lissés en arrière retombent en deux nattes sur ses épaules. Un bandeau entoure sa tête et est surmonté au-dessus et au milieu de son front par un ornement en forme de fleur de lis. Sur les parements des manches sont des inscriptions donnant le nom de celui qui a fait ou a commandé la statue.

Bronze brun. La poitrine, le visage, les mains, les pieds dorés.

1333 — Divinité analogue à la précédente et portant de même manière que celle-ci un petit rocher.

1334 — Personnage assis à longue barbiche, longues oreilles ornées d'anneaux, faisant de la main droite relevée et de profil un geste mystique et devant tenir sur sa main gauche, à plat, paume en l'air dans son giron, un objet. Les cheveux peignés d'avant en arrière, à plat, forment un chignon, lié en trois endroits par un cordon, à sa base, en son milieu et au sommet. Le personnage est vêtu d'un manteau à larges manches recouvrant complètement sa poitrine sur laquelle il croise, et retenu à sa taille par une étroite ceinture nouée par devant. L'écharpe céleste flotte au-dessus de ses épaules et ses extrémités passant sous ses bras s'arrêtent à peu de distance du sol.

Cuivre doré décoré sur le col, le devant de la robe et l'écharpe, de quelques ornements en émaux champlevés bleu lapis et bleu clair.

Bois et ivoires

1335 — Divinité assise, les jambes croisées horizontalement, les mains jointes, doigts allongés. Sa robe recouvre entièrement sa poitrine. Sa coiffure, relevée en un haut chignon, en trois mèches, dont le sommet s'incline en arrière. A la base du chignon est un diadème en forme de fleurs de lotus accosté par des enroulements.

Bronze doré brun.

1336 — Divinité assise, les jambes croisées horizontalement devant elle, les mains faisant le geste de la méditation. Sa robe croise sur sa poitrine qu'elle recouvre entièrement. Ses cheveux s'élèvent en une grosse boule qui retombe en avant, retenue par un diadème de même forme que celui de la divinité du n° 1335.

1337 — Divinité au costume et à la coiffure chinois, debout sur un petit socle représentant un rocher. Elle a trois visages, un devant, deux derrière, et six bras. Deux bras sont écartés et relevés en l'air, et leurs mains tiennent, l'une le disque du soleil, l'autre le disque de la lune. Deux autes bras sont ramenés devant la poitrine, leurs mains réunies, les doigts pliés, la main gauche sous la main droite. Enfin, deux bras sont dirigés vers le sol, la main gauche tient un objet quadrangulaire et plat, où est peut-être gravé un caractère. Les cheveux de la divinité sont rouges. On en voit deux mèches qui s'élèvent comme des flammes, au-dessus des oreilles de son visage de face. Une petite coiffure de forme chinoise surmonte les trois têtes.

Bois doré.

1338 — Personnage agenouillé sur un lotus, un genou en terre, l'autre relevé. Il pose ses deux mains, l'une sur l'autre, sur son genou gauche relevé. Il est coiffé d'une sorte de serre-tête à couvre-nuque, maintenu par un bandeau étroit se redressant en deux volutes opposés au milieu de son front.

Petite statuette, vieux bois fruste et enfumé.

1339 — Divinité assise, vêtue d'une ample robe. De la main droite elle tient un pli de son vêtement. Ses épaules sont recouvertes par un large col découpé en accolade. Son épaisse chevelure, nouée, se relève en haut chignon au-dessus de son front.

Bois laqué, rouge et doré sur la divinité.

1340 — Divinité indoue debout, la tête surmontée d'une haute coiffure masquant en partie son chignon, qui forme un nœud épais, dont les boucles tombent de chaque côté de sa tête. Elle fait de la main droite le geste de la charité.

Ivoire.

Matière agglomérée

1341 — Un enfant levant les deux bras en l'air, et dont la main droite manque.

Matière agglomérée, recouverte de laque dorée sous enduit brun en partie écaillée.

Pierre de lard

1342 — Petit groupe représentant une divinité à cheval sur les épaules d'un personnage à tête de démon, et posant ses deux pieds sur les mains relevées de ce dernier. La divinité prie, les mains jointes, doigts allongés. Ses cheveux, ramenés d'avant en arrière, forment une touffe au milieu de son front, L'écharpe céleste flotte derrière sa tête et retombe jusqu'à terre. Le démon est accroupi, les jambes pliées et écartées. Ses cheveux sont divisés en trois mèches, qui se dressent de chaque côté et au sommet de sa tête.

Pierre de lard jaunâtre.

1343 — Personnage agenouillé sur un lotus élevé sur un socle. Il a un genou en terre, l'autre relevé. Il tient de sa main droite une gourde d'où sort un nuage. Il pose sa main gauche sur sa cuisse gauche.

Pierre de lard.

1344 — Légende de la vie de Çakyamuni. Groupe en pierre de lard. Au milieu, Çakyamuni, assis les jambes croisées, la plante des pieds en l'air, levant sa main gauche, posant la droite dans son giron. A sa droite et à sa gauche, deux moines debout, les mains jointes. Au-dessus, dans différents compartiments : Au milieu, un autre moine assis. Tout en haut, une pagode. A droite, un cheval, un personnage portant suspendus aux extrémités d'un bâton posé sur son épaule droite, deux paquets. A gauche, un personnage à tête d'oiseau, appuyé sur un bâton ; un moine assis, un personnage à tête de porc, portant un objet sur son épaule droite.

Pierre de lard jaune.

II

DIVINITÉS ET PERSONNAGES TAOÏQUES

SHANG-TI

Shang-ti, dieu du ciel. Il est représenté au Musée Guimet, tel que nous le retrouvons ici sous les nos 1345 et 1346, par exemple. C'est-à-dire avec une barbe plus ou moins abondante et tenant le Kouëi, mais sous cette forme ces deux statuettes pourraient faire partie aussi de l'ensemble des San-Kouan, les trois divinités du ciel, de la terre et des eaux.

Bronze

1345-1346 — Shang-ti. Deux statuettes de personnages debout portant la même coiffure et tenant devant elles le Kouëi, tablette honorifique. L'un des personnages a une longue et large barbe, l'autre a seulement la barbiche.

1347 — Shang-ti assis, tenant à deux mains, devant lui, un Kouëi.
Bronze doré.

1348 — Shang-ti assis, à longue barbe divisée. Même attribut que le précédent.
Bronze noirci.

Bois

1349 — Shang-ti assis, tenant à deux mains, devant lui, un Kouëi.
Bois.

LES TROIS BONHEURS

Dieux de la nombreuse Postérité, de la Longévité, du Bonheur

Les trois bonheurs représentés par le dieu de la longévité au crâne très élevé tenant le bâton et la pêche et ayant auprès de lui une grue; le dieu des émoluments, qui tient un sceptre (Jou-i) et a auprès de lui le cerf; le dieu de la nombreuse postérité entouré d'enfants.

Bronze

1350 — Le Dieu de la nombreuse postérité (?) debout sur socle. Ses cheveux relevé en chignon, au sommet et à l'arrière de sa tête, coiffés d'un petit chapeau fixé par une épingle. Il tient à deux mains devant lui sur une coupe un petit enfant agenouillé et les mains jointes. Comparer avec un personnage du tableau n° 2044. Le petit enfant représente peut-être le principe mâle Yang.
Bronze. Un pied du socle manque.

1351 — Le dieu de la nombreuse postérité. Personnage chinois assis sur un petit tertre ovale élevé sur un rocher. Il tient assis sur sa main droite, un petit enfant. Sa main gauche fermée semble avoir tenu un objet. Le personnage peut se séparer du tertre sur lequel il est assis qui, forme une petite boîte utilisée sans doute comme reliquaire.
Bronze.

1352 — Le Dieu de la longévité tenant d'une main le sceptre, de l'autre le livre roulé.
Cuivre repoussé, recouvert de laque brune.

1353 — Le dieu de la longévité assis, tenant un sceptre.
Bronze. Le socle en bois.

Bois

1354 — Le dieu de la nombreuse postérité debout sur une terrasse tenant un petit enfant assis sur son bras droit. Il a pour coiffure une calotte qui se relève par derrière de manière à former une sorte de diadème aux extrémités duquel, à droite et à gauche, tombe un ruban.

Bois recouvert de laque brune dorée ternie. Une ouverture ménagée dans le dos du personnage a servi à introduire des reliques à l'intérieur de la statuette.

1355 — Le dieu de la longévité debout sur un piédestal. Il tient la pêche. Auprès de lui son cerf.

Bois peint.

Porcelaine — Faïence

1356 — Sorte de chapelle ouverte dans un rocher et posée sur un piédestal. Dans cette chapelle se voit le dieu de la longévité.

Ancienne porcelaine à couverte bleu-turquoise et violet.

1357 — Dieu du bonheur, tenant une branche de pêcher chargée de deux pêches. Il est debout.

Porcelaine émaillée vert, rose, rouge de fer, à décors polychromes

1358 — Dieu de la longévité assis sur un piédestal. Il tient le livre roulé. Auprès de lui : la grue, la tortue, le cerf.

Faïence sous engobe blanche. Les détails du sujet exécutés en brun de manganèse.

1359 — Dieu de la longévité assis sur piédestal. Il tient à la main le livre roulé et l'on voit auprès de lui le cerf, la tortue, la grue.

Faïence sous engobe blanc et rosé. Le manteau du dieu, ses yeux et d'autres détails des animaux et du piédestal sont en brun et manganèse.

1360 — Dieu du bonheur assis entre le cerf et la cigogne. Il tient un sceptre. Un diadème surmonte son front.
Faïence jaunâtre, en partie recouverte de laque brune dorée.

Pierre de lard

1361 — Groupe représentant les trois bonheurs et deux petits personnages. Au milieu le dieu de la richesse, à droite le dieu de la longévité, à gauche le dieu d'une abondante postérité.
Pierre de lard.

1362 — Dieu de la longévité debout, tenant le long bâton et la pêche. Auprès de lui le cerf.
Pierre de lard jaunâtre.

1363 — Dieu de la longévité assis sur son cerf, tenant la pêche et le bâton.
Pierre de lard, blanc-jaunâtre. Les pattes du cerf sont cassées.

1364 — Dieu de la longévité debout tenant le long bâton auquel est suspendu la gourde et la pêche.
Pierre de lard, noire et jaunâtre.

1365 — Dieu de la longévité assis tenant le livre roulé de la main droite.

SI-WANG-MOU

Déesse du mont Kouen-lun, où croît le pêcher dont les fruits donnent l'immortalité.

1365-1366 — Deux petites statuettes représentant Si-wang-mou?

debout auprès d'un cerf et tenant un vase. Elles sont élevées chacune sur une colonnette renflée au milieu en boule ajourée, évidée, contenant quatre boules de plus en plus petites. Le pied de ces colonnettes figure une fleur de chrysanthème épanouie. Le tout repose sur un socle en étoffe, représentant un lotus à double rang de pétales.

Ivoire.

LES SIEN S

Personnages devenus immortels à la suite de certaines circonstances. Huit, parmi ces Sien s, sont particulièrement populaires : les Pa (8) Sien s. Ce sont : Li Tié-koaï, mendiant boîteux tenant une béquille et une gourde ; Tchong-li Kiuen, tenant l'écran ; Lu Tong-pin tenant un chasse-mouches, une épée retenue sur son dos ; Tchang Kouo, tenant un instrument de musique ; Tsao Kouo-kieou, tenant des castagnettes ; Ho Sien-kou, femme tenant une corbeille en forme de coupe au bout d'un long manche ; Han Siang-tse, tenant la flûte ; LanTsaï-ho, un panier de fleurs (1).

Bronze

1368 — UN SIEN assis sur un bouc, son bras droit relevé s'écartant de son corps, la main de ce bras étendu, la paume en l'air. De sa main gauche il tient une branche de corail. Ses cheveux s'enroulent en trois boucles au-dessus de son front, une au milieu, les deux autres de côté. La robe dont il est revêtu laisse sa poitrine, une partie de son ventre, ses avant-bras nus. Ses pieds sont également nus. Le long des cuisses du bouc s'élèvent des ornements feuillagés, rappelant sans doute des flammes. Des petites touffes de poils s'enroulent au-dessus de ses genoux.

Bronze doré peint en bleu sur les cheveux du personnage, en rouge sur la branche de corail et les ornements de cuisse du bouc, en vert sur les boucles de poils de l'animal.

---

(1) Sur un panneau de soie de cette Collection, Ho Sien-kou est représentée portant une pêche dans un panier, dont le long manche repose sur son épaule. On retrouvera les Sien s sur différentes tentures également cataloguées ici, entre autres sur celle au caractère « Cheou », Longévité.

1369 — Tchong-li kiuen debout sur un socle et tenant l'écran. Ses cheveux forment deux touffes sur sa tête.
Vieux bronze.

1370 — Lu Tong-pin tenant à deux mains, devant lui, un long sabre, la poignée en l'air. Sa tête est surmontée d'un petit chapeau maintenu à son chignon par une épingle, fichée de gauche à droite. Son visage est jeune et porte la barbiche.
Bronze.

1371 — Lu Tong-pin debout, à longue barbiche, à chapeau plat, se relevant en arrière et orné sur le devant d'une étoffe nouée. Il porte le sabre au côté. Ses deux mains, aux doigts tendus, sont ramenés en avant, la paume vers la poitrine, la main gauche passant derrière la main droite, entre le pouce et l'index de cette dernière.
Bronze.

1372 — Lu Tong-pin. Personnage debout sur un petit socle. Visage jeune à longue barbiche. Il tient à deux mains devant lui un long objet oblong, dont la partie supérieure est cassée, mais paraît être un sabre (comparer avec 1370) L'écharpe céleste flotte derrière sa tête, qui est surmontée d'un petit chapeau bordé de perles et maintenu par une épingle piquée d'avant en arrière.
Bronze autrefois recouvert de laque dorée.

1373 — Un Sien. Jeune homme debout sur socle. Il est costumé et coiffé à la chinoise. Il a une longue barbiche et joue de la flûte.
Bronze autrefois recouvert de laque dorée.

1374 — Un Sien. Enfant debout. Ses cheveux sont divisés et relevés en deux boucles nouées au-dessus et de chaque côté de son front. Il est vêtu d'une robe croisée sur sa poitrine, dont les manches courtes, largement ouvertes et tombantes, lui laissent les avant-bras nus. Une pèlerine de feuillage dont

COLLECTION CHINOISE 55

les cordons sont noués devant, recouvre ses épaules. Une écharpe du même genre, nouée également par devant et dont les longs cordons tombent presque jusqu'à terre, entoure sa taille. Au-dessus de ses pieds nus, un bourrelet de métal semble indiquer une sorte de pantalon. Le personnage tient de la main droite un objet qui semble être un nuage : sorte d'enroulement terminant une tige très courte et projetant sur sa courbe, trois enroulements plus petits (1).

Bronze autrefois recouvert de laque dorée.

1375 à 1380 — SIX STATUETTES, bois peint, sans doute appartenant à un groupe de onze personnages que constituait les trois bonheurs et les huit Siens. Ces six statuettes sont debout et les enroulements de la sculpture indiquent qu'ils sont chacun sur un nuage dont un filet s'élève ondulé, derrière leur dos : Dieu de la longévité. Vieillard à la longue et épaisse barbe blanche. Le sommet de sa tête est recouvert d'une sorte de calotte. Tchang Kouo. Personnage à longue et épaisse barbe noire. Ses cheveux relevés en deux mèches nouées au sommet et derrière sa tête. Il a le ventre nu. Tsao Kouo-kieou en costume de mandarin, tenant les castagnettes. Lan Tsai-ho. Li Tie-koai appuyé sur sa béquille, et portant la gourde sur son dos. Han Siang-tse jouant de la flûte.

1381 à 1383 — TROIS PERSONNAGES debout, dans une anfractuosité de rocher qui forme chapelle. Ils sont costumés et coiffés à la chinoise :

1381. Personnage tenant sur sa main droite un objet cylindrique et de la main gauche une baguette qui se divise en deux à son extrémité. Ces deux objets rappellent l'instrument de musique du sien Tchang Kouo.

1382. Personnage à longue barbiche et longs favoris. Tient sa barbiche de la main gauche. Sur son dos un long objet qui

(1) Cet objet rappelle également la griffe de tigre ou la pierre sonore enrichies de perles, ou le symbole appelé corne de rhinocéros, tel qu'on le dessine ordinairement.

doit être un sabre, le désigne comme Lu Tong-pin.

1383. Personnage à longue barbe et dont la chevelure se relève en deux petites touffes de chaque côté et au-dessus de son front. Il tient à deux mains un objet peu définissable, mais qui semble cependant être un enfant. Ses reins sont entourés d'une courte jupe de feuillages.

Bois dorés sous une couche de vernis brun écaillé et terni par places.

1384 — Lu Tong-Pin debout sur un socle simulant des nuages, tenant de la main droite le livre roulé et sur son dos le sabre.
Bois laqué brun doré, la laque ternie ou écaillée.

1385 — Li Tie-koai, le saint des mendiants, debout, appuyé de la main gauche sur son bâton, et la jambe gauche pliée.
Petite statuette, bois. Un bras manque.

1386 — Li Tie-koai. Debout, tenant sa gourde; sa béquille est cassée.
Racine de mandragore.

Jade

1387 — Ho Sien-Kou portant son panier de fleurs sur son épaule gauche.
Plaque de jade découpée.

Grès

1388 — Un Sien. Personnage assis sur un éléphant et tenant un chasse-mouche. Grès. Le personnage est vêtu d'un ample manteau sous couverte bleue mate. La tête et les parties visibles de ses jambes, réservées en biscuit, sont colorées en brun par le manganèse. L'éléphant est sous couverte blanc-jaunâtre craquelée.

Matière dure, noire, polie

1389 à 1392 — Quatre statuettes et un groupe représentant ensemble six des huit Siens ou cinq Siens et un dieu du du Bonheur.

1388. Tchang. Kouo, tenant son instrument de musique.

1389. Tsao Kouo-kieou, tenant les castagnettes.

1390. Lan Tsaï-ho, tenant son panier à fleurs sur l'épaule droite.

1391. Lu Tong-pin, tenant le chasse-mouche de la main gauche.

1392. Haut rocher devant lequel se voient : Li Tie koaï, tenant une sapèque et son crapaud, et un autre Sien, ou peut-être un dieu du Bonheur, tenant de sa main gauche un des côtés de sa longue moustache, mais n'ayant aucun attribut. Au-dessus de ces deux personnages sur le rocher : un cerf, un bouc et deux pavillons.

Statuettes et groupes en une matière noire d'un poli brillant à la surface (lave?).

Pierre de lard

1393 — Li Tié-koaï debout, tenant sur son épaule le crapaud à trois pattes.
Pierre de lard noire.

1394 — Tsao Kouo-kieou. Assis sur une biche et tenant ses castagnettes.
Pierre de lard blanche, peinte en noir sur le personnage.

1395 — Lan Tsaï-ho assise sur un kilin et portant son panier de fleurs.

1396 — Tchong-li Kiuen assis sur un unicorne et portant son écran. Pierre de lard.

LES DEUX HO-HO

Personnages qui symbolisent la bonne entente et l'Harmonie. Généralement, l'un tient un nénuphar (Ho), l'autre une boîte ronde (Ho).

1397-1398 — Deux ho-ho. Statuettes de personnages debout sur socle, coiffés d'une calotte cylindrique dont les bords se redressent par derrière, ornée d'un bouton au milieu, sur le devant et au sommet. Ils sont vêtus d'une veste croisée dont la bordure est décorée de rameaux et d'une sorte de jupe, maintenue à la taille par une ceinture nouée sur le devant et dont les extrémités pendent jusqu'à terre. L'un des personnages tient sur sa main droite une boîte ronde, l'autre paraît tenir sur sa main gauche deux boîtes, également ronde, de dimensions différentes, la plus petite surmontant l'autre, à moins qu'il ne s'agisse d'une gourde.

Bronze recouvert de laque brune dorée sur les deux personnages.

LES NEUF DÉESSES

Les neuf déesses de la naissance et des enfants et auxquelles on fait des offrandes lorsqu'un enfant a été sauvé de la petite vérole. Ce sont les Niang-niang. Chacune d'elles porte un nom qui la qualifie et la distingue des autres.

Lorsqu'elles sont représentées en groupe, c'est Tien-sien la plus importante, qui est représentée au milieu. L'ordre dans lequel les autres divinités son placées diffère, ainsi qu'on pourra s'en rendre compte, sur les différentes peintures qui existent des neuf déesses dans cette collection. Tien-shen tient à deux mains un kouëi (tablette honorifique).

Les autres divinités sont, selon M. Grübe :(1)

Yen-kouang. — Déesse de la vue. Elle tient devant elle deux disques réunis sur chacun desquels est représenté un œil (Voir les images 2235 à 2282.)

Tze-soun. — Déesse de la postérité. On la représente parfois ayant devant elle un tub dans lequel s'abattent deux enfants nus (Voir les images 2235 à 2282).

Naï-mou. — Nourrice divine. Son nom, tel qu'il est donné sur une des statuettes en bronze doré de la collection (n° 1401) est Song-sheng, et ici elle est représentée tenant à la main un enfant. Sur une image de cette

(1) *Zur Pekiner Volkskunde.*

même collection (nos 2235 à 2282) *elle s'appelle* Song-tze *et porte un enfant dans ses bras.*
Tsoui-sheng. — *Sage-femme divine.*
Pan-chen. — *Déesse de la scarlatine.*
Tou-chen. — *Déesse de la petite vérole.*
Yin-meng. — *Déesse protectrice des enfants.*
Pei-yang. — *Déesse de la nourriture, désignée sur la petite statuette* (n° 1407) *sous le nom de* Peï-ki ?

Bronze

1399 à 1407 — Les neuf déesses assises, la tête surmontée d'un diadème, orné de trois Fong-hoangs (oiseau de Paradis), au bec de chacun desquels sont suspendus une perle et un bouton orné de plumes bleues de martin-pêcheur. Une seule déesse se distingue des autres en ce qu'elle tient par la main un enfant debout à sa droite (n° 1401). Le nom de chaque déesse est écrit au dos de la borne qui leur sert de siège, la place qu'elles doivent occuper, l'une par rapport à l'autre, est aussi indiquée au même endroit : 1399, Tien-sien (milieu). 1400, Tze-sun (première à droite). 1401, Song-sheng (deuxième à droite). 1402, Tou-chen (troisième à droite). 1403, Yin-meng (quatrième à droite). 1404, Yen-kouang (première à gauche). 1405, Tsoui-sheng (deuxième à gauche). 1406, Pan-chen (troisième à gauche). 1407, Peï-ki (quatrième à gauche).

Bronze doré.

1408 à 1410 — Trois des « niang-niang ». (Les trois déesses San-weï-niang-niang.) Assises dans la même attitude, les deux mains ouvertes devant la poitrine, les doigts allongés, la main gauche maintenue entre le pouce et l'index de la main droite. Leurs cheveux relevés en un haut chignon, maintenu dans un cercle à sa base et surmontée d'une boucle. Deux des déesses portent sur la tête un diadème mobile qui est celui des mariées chinoises. Ce diadème est orné en filigramme de Fong-hoangs, de dragons, de nuages, des disques de la lune et du soleil entourés de flammes. Les nuages et les plumes des Fong-hoangs sont colorés en bleu par des fragments de plumes de martin-pêcheur. Les queues des Fong-hoangs supportent une fausse perle fine et ils tiennent dans leur bec des pendeloques de perles du même genre, terminées par une perle rouge. Les déesses portent des boucles d'oreilles. Elles sont vêtues à la chinoise : manteau à pèlerine, col aux bords découpés, veste à larges manches pendantes et sous laquelle dépasse la jupe, ceinture nouée au-dessus du ventre et dont un pan, seul visible, tombe devant jusqu'à terre, son extrémité coupée triangulairement, chaque angle orné d'une perle.

Bronzes dorés et ciselés. Les bordures des vêtements sont décorées d'enroulements. Les cheveux sont peints en bleu.

1411 — Tien-sien. La principale des « niang-niang ». Son attribut manque, mais elle tenait très certainement le Kouëi.

Bronze autrefois laqué. Le visage de la divinité est doré.

1412 — Tien-sien. La principale des « niang-niang ». Elle tient le Kouëi.

Bronze recouvert de laque doré brune.

1413 à 1415 — Groupe des trois « niang-niang ». Tien-sien, Naï-mou à l'enfant, Yen-kouang aux yeux.

Bronzes autrefois recouverts de laque brune dorée.

1416 — La déesse Yen-kouang, tenant les disques aux yeux dans une coupe.

Bronze recouvert de laque dorée-brune.

Bois

1417 à 1421 — Trois des « niang-niang » et deux de leurs serviteurs. Chacun de ceux-ci porte l'écran où sont représentés le soleil et la lune, écran, appelle Jih-yueh-shan. Le n° 1417, Tien-sien; n° 1418, Naï-mou; n° 1419, Yen-Kouang. Contrairement aux autres « Niang-niang », celles-ci ne portent pas le diadème aux Fong-hoangs. Les n°ˢ 1420 et 1421, sont les deux serviteurs à l'écran.

Bronze

1422 à 1424 — Trois des «niang-niang». Le n° 1422, Tien-sien ; le n° 1423, Naï-mou à l'enfant; le n° 142, vraisemblablement Yen-kouan.

Bois doré brun

N° 1439. Kouan ti.

KOUAN TI

Kouan ti est dieu de la guerre et aussi un des dieux de la littérature. Il est souvent escorté, dans les représentations peintes ou sculptées, qu'on en fait, de son fils Kouan pin tenant le sceau enveloppé, et de Tchéou-sang, son très fidèle acolyte. Ce groupe est parfois complété par deux serviteurs et un cheval.

KOUAN TI ET SES SERVITEURS

1425 à 1430 — Six statuettes. Formant un groupe: le n° 1425, Kouan ti, dieu de la littérature tenant un livre ouvert de la main gauche ; les n°ˢ 1426 à 1429, quatre serviteurs du dieu. L'un tient le sceau ; le n° 1430, son cheval.

Métal recouvert de laque brune dorée pour les personnages, de laque rouge pour le siège du dieu.

1431 à 1434 — Quatre statuettes. Formant un groupe : le n° 1431, Kouan ti ; le n° 1432, un serviteur de Kouan ti tenant d'une main un livre ; il devait tenir une lance de l'autre main ; le n° 1433, autre serviteur de Kouan ti et le n° 1434, le cheval du dieu.

Bronze.

1435 — Kouan ti assis, les jambes écartées, les mains posées sur ses cuisses, les manches du vêtement qui recouvre sa cotte de maille, se relevant comme dans un coup de vent. Sa coiffure est une sorte de calotte surmontée d'un ornement enroulé, serré à la base par un ruban noué sur le devant et dont les extrémités tombent de chaque côté de la tête du personnage.

Bronze recouvert de laque brune dorée sur le personnage, peint en rouge sur son siège. Les boutons en forme de fleurons qui ornent différentes parties de l'armure de Kouan ti portent en leur centre une petite perle jaune de couleur. Sur chaque côté du siège est gravé un fleuron de lotus. La statuette doit contenir une relique.

1436 — Kouan ti assis.
Vieux bronze autrefois recouvert de laque brune dorée.

1437 — Kouan ti assis. Il tenait probablement un livre.
Cuivre doré.

1438 — Kouan ti assis. (Son siège manque).
Bronze autrefois recouvert de laque brune dorée.

Bois

1439 — Grand groupe de cinq statuettes. Kouan ti assis, sa main droite appuyée sur sa cuisse droite, sa main gauche tenant sa longue barbe. Le dossier de son siège est très élevé et est sculpté tout autour de dragons et de nuages. Kouan ti et son siège reposent eux-mêmes sur un socle sculpté. Tchéou-sang tient la lance. Les trois autres statuettes ont perdu leurs attributs, mais l'une est évidemment Kouan pin.

Bois recouvert de laque brune dorée et très soigneusement sculpté.

Terre cuite. — Faïence

1440 — Kouan ti assis sur son fauteuil, une main à sa ceinture, l'autre posée sur son genou.

Terre cuite moulée, peinte en rouge et en noir.

1441 — Kouan ti entre deux enfants. L'un tenant le sceptre, l'autre un livre. Derrière le dieu, un cheval. Le groupe repose sur un piédouche.

Faïence ou grès, sous engobe jaunâtre. Les détails des visages et des costumes peints en brun de manganèse.

1442 — Kouan ti. Statuette de personnage assis, à longue barbiche et longs favoris. Son chapeau, de forme particulière, s'élève en diadème sur le devant et semble orné au sommet de deux dragons séparés par un disque. Le personnage tient de la main droite un livre ouvert.

Pierre de lard

1443 à 1446 — Groupe représentant au milieu Kouan ti, derrière Kouan pin, à gauche Tchéou-sang, à droite, un autre personnage, serviteur de Kouan ti qui semble une répétition de Tchéou-sang.

Pierre de lard cassée.

1447 — Groupe formé de Kouan ti, de ses deux acolytes et de son cheval.
   Pierre de lard dorée.

1448 — Kouan ti. Assis.
   Pierre de lard.

1449 — Kouan ti. Assis.
   Pierre de lard.

1450 — Tchéou-sang.
   Même matière.

KOUAN PIN

Fils de Kouan ti

Bronze

1451 — Kouan pin. Tenant le sceau.
   Métal recouvert de laque brune dorée.

1452 — Kouan pin tenant le sceau.
   Cuivre doré.

1453 — Kouan pin. Le fils de Kouan ti tenant le sceau.
   Vieux bronze doré.

TCHEOU-SANG

Serviteur de Kouan ti

Bronze

1454 — Tchéou-sang tenant sa hallebarde.
   Cuivre doré.

1455 — Tchéou-sang tenant la lance.
   Bronze. Le visage et les mains du personnage ont été dorés.

1456 — Tchéou-sang tenant la hallebarde.
   Petite statuette ancienne en bronze.

DIVERS SERVITEURS DE KOUAN TI
Bronze et Porcelaine

1457 — SERVITEUR DE KOUAN TI. Statuette de jeune homme qui tenait sans doute un livre dans sa main droite.
Porcelaine blanche céladonnée.

1458 — UN DES SERVITEURS DE KOUAN TI tenant une hallebarde.
Bronze, autrefois recouvert de laque brune dorée.

WEN-CHANG
Le principal dieu de la littérature

Bronze

1459 — WEN-CHANG (?). Jeune homme assis, à fine barbiche. Il a le chapeau à côtes dont le faîte est bordé de perles, et qui est fixé sur sa tête par une épingle dont on voit les extrémités. Il tient horizontalement de sa main droite, posée sur le genou de ce côté, un objet long et étroit — livre (?), écrit (?), tablette (?). Sa main gauche repose sur son genou gauche.
Bronze, autrefois recouvert de laque dorée, celle-ci en grande partie écaillée.

Faïence. — Terre cuite

1460 — WEN-CHANG. Homme jeune assis sur un fauteuil, ayant l'aspect de Kouan-ti sans barbe.
Terre cuite (?) peinte en rouge et noir.

1461 — WEN-CHANG (1). Homme jeune assis devant un haut

---

(1) Voir les images n°ˢ 2235 à 2282, où il est représenté comme un vieillard à barbe blanche. Au Musée Guimet, une statuette le représente comme un homme jeune.

écran, entre deux enfants, l'un tenant un sceptre, l'autre un livre. L'écran est décoré devant et derrière d'un paysage. Le paysage au revers est animé par deux personnages. Les statuettes et l'écran reposent sur un piédouche.

Faïence ou grès brun sous engobe jaunâtre. Tous les détails des personnages et des ornements sont en brun de manganèse. Ici et là, traces de dorure.

KOUEI-SING

Dieu secondaire de la littérature

Bronze

1462 — Kouëï-Sing. De sa main droite levée il tient un pinceau. Dans la main gauche est le lingot. L'écharpe céleste entoure sa tête, derrière laquelle ses cheveux se relèvent en trois pointes. Au milieu de son front est figuré un petit disque.

Bronze recouvert de laque dorée, écaillée par place.

Bois

1463 — Kouëï-Sing debout sur un pied, sur une tête de dragon. Le bras droit levé (la main gauche manque). Sa tête est entourée de l'écharpe céleste. Ses cheveux se redressent en mèches flamboyantes ; ils sont enserrés dans un cercle qui forme deux volutes au-dessus de son front.

Le dieu en bois laqué bruni et or. La tête de dragon en métal laqué et doré.

TOU-TI-KONG

Un des dieux de la richesse

Bois

1464 — Tou-ti-Kong. Vieillard assis, à épaisse et longue barbe, tenant d'une main le bâton, de l'autre le lingot.
Bois peint.

TSAI-KONG
Autre dieu de la Richesse

Bronze

1465 — Tsaï-Kong et Tsaï-niou. Le dieu de la richesse et sa femme. Groupe de deux petits personnages assis sur le même siège. Le dieu a coiffure et vêtement chinois, a une longue barbiche et de longs favoris. Il ramène sa main droite sur sa poitrine et tient le lingot de la main gauche. La déesse a le diadème au Fong hoang des « niang-niang » et de ses deux mains cachées sous une étoffe, elle tient un objet qui rappelle le joyau des emblèmes taoïques.
Bronze.

1466 — Tsaï-Kong (1) assis sur un socle en bois. Personnage à coiffure et vêtement chinois, portant la longue barbiche et des longs favoris. Sa main droite posée sur son genou droit, sa main gauche tenant le lingot.
Bronze. Les mains et le visage du personnage dorés.

YAO-WANG
Dieu de la science médicale

Bronze

1467 — Yao-wang. Il est assis revêtu du costume officiel chinois. Il tient sur sa main gauche une gourde. Sa main droite pose sur son genou droit. Il a le visage souriant et porte la longue barbiche et les longs favoris. Les bordures et le milieu de son vêtement, sur sa poitrine et dans son dos, sont décorés d'ornements ciselés : devant et derrière ce sont deux médaillons, ornés du dragon à cinq griffes, tenant la boule ; sur les bordures ce sont des enroulements simulant des nuages. Au milieu de son chapeau, dont la partie postérieure se redresse, est un

N° 1467.

(1) Aussi Tchaï-Shen, images n°ˢ 2235 à 2282.

petit ornement en accolade orné de trois boutons (3 perles). Les cordons de ce chapeau, noués par derrière, retombent sur les épaules du dieu.

Bronze doré, excepté sur la barbiche, les favoris, le chapeau, la gourde et le bout des chaussures, qui apparaît sous la robe.

1468 — YAO-WANG assis. Même costume, même geste, même attribut que le précédent, mais sa robe n'est pas décorée.

Bronze. Sans doute autrefois recouvert de laque brune dorée.

1469 — YAO-WANG assis. Même attitude, même geste, mêmes attributs que le précédent. Même maintien, sauf cependant que c'est la main droite qui porte la gourde, et la main gauche qui pose sur le genou. Il ne porte pas les longs favoris.

Bronze. Socle bois noir sculpté.

SHEN-WOU-SUAN TIEN TA TI

Dieu du Nord. Il a généralement auprès de lui la Tortue et le Serpent qu'il a subjugués. Le Serpent enlace la Tortue.

Bronze

1470 — SHEN-WOU-SUAN TIEN TA TI. Assis sur un socle en bois de fer sculpté. Il a le visage jeune, la longue barbiche. Ses longs cheveux, ramenés en arrière, à plat, s'étalent sur son dos et ont conservé les traces des dents du peigne. Sa main droite pose sur son genou droit, la paume en dedans; sa main gauche pose sur son genou gauche, la paume en l'air, et fait un geste: les deux doigts du milieu repliés, les autres allongés. Il est revêtu d'une ample robe qui s'ouvre sur le devant pour laisser voir des parties d'armure. Celle-ci est décorée, sur la poitrine, d'un dragon à cinq griffes.

Bronze autrefois recouvert de laque brune dorée.

1471 — SHEN-WOU-SUAN TIEN TA TI. Même divinité assise sur socle, et les pieds posés sur une sorte de tabouret. Personnage, socle, tabouret, faisant corps, fondus ensemble. Même attitude, même coiffure, même costume que le précédent. Il a les longs favoris et la longue moustache tombants. Ses mains posent à plat sur ses genoux.

Bronze autrefois recouvert de laque brune dorée.

1472 — Shen-wou-suan tien ta ti dans un groupe. Il est assis sur une tortue, sur laquelle rampe un serpent qui la contourne et se redresse à la gauche du dieu. Celui-ci tenait dans sa main droite un objet. Il fait le geste déjà décrit, des deux doigts de la main gauche. L'écharpe céleste flotte derrière sa tête. La tortue repose sur un nuage qui s'étend à droite et à gauche pour supporter deux accolytes du dieu et s'élève par derrière pour recevoir, au-dessus de celui-ci, trois bouddhas assis chacun sur un lotus et adossés chacun à une gloire de forme ovale. Les deux acolytes sont debout. A droite c'est un jeune personnage, tenant de sa main gauche une tablette qui pose sur sa main droite ; à gauche, c'est un personnage à épaisse et longue barbe, portant un petit chapeau chinois au sommet de son crâne. Il tenait à deux mains un objet.

Bronze recouvert de laque d'or.

1473 — Shen-wou-suan tien ta ti. Egalement assis, coiffé et costumé de même manière, faisant le même geste de la main gauche, sauf que le pouce de cette main est également replié. Sa main droite est ramenée vers sa poitrine et, tenue horizontalement, la paume vers le sol, réunit le pouce et le doigt du milieu. Son visage est imberbe. Les bordures de son manteau sont décorés de rinceaux gravés.

N° 1473 Bronze.

1474 — Le serpent entourant la tortue, attribut du dieu Shen-wou-suan tien ta ti.

Bronze sur socle en bois de fer sculpté.

Porcelaine

1475 — Pavillon à deux étages formant deux chapelles de dimensions différentes, la grande au rez-de-chaussée, la petite au-dessus, toutes deux ayant un toit. Au rez-de-chaussée se tient Shen-wou-suan tien ta ti. Devant lui, à terre, la tortue entourée par le serpent. A la porte de la chapelle, à droite et à gauche, deux personnages debout, coiffés et costumés à la chinoise, l'écharpe céleste flottant derrière leur tête. L'entrée de cette chapelle est ornée en bas-relief de deux dragons dont les queues se rejoignent en accolade au milieu et sous le toit, et dont les têtes se regardent, s'avançant de chaque côté, à même hauteur, comme pour voir le dieu. A l'étage supérieur, sans doute Kouan-yin.

Vieille porcelaine en partie en biscuit, en partie sous couverte bleue turquoise.

1476 — Pavillon à deux étages et dans lequel se trouvent : au rez-de-chaussée, Shen-wou-suan tien ta ti ayant auprès de lui deux serviteurs, l'un tenant le sabre, l'autre le sceau enveloppé devant lui, la tortue enlacée par le serpent. Au-dessus, Kouan-yin, entre deux personnages. L'un est Long-nou, l'autre est indiqué par ses pieds et devait être Hoang-chen-saï.

Porcelaine. Les personnages, en biscuit coloré en brun par le fer contenu dans la pâte, et dans la couverte céladon qui recouvre entièrement le pavillon.

HUO-SHEN

L'esprit du feu et de la planète Mars. Il a un temple presque dans toutes les grandes rues de la capitale. Sa fête a lieu à Pékin le 14 du quatrième mois. Il est particulièrement fêté ce jour-là par les boutiquiers.

Bois

1477 — Huo-shen (1). Personnage assis au costume de général. Il a

(1) Voir image.

trois yeux, la barbe et les cheveux rouges. Deux touffes de ses cheveux s'élèvent comme deux flammes au-dessus de ses oreilles. Sa coiffure est un petit chapeau côtelé, surmonté de perles et posé au sommet de sa tête derrière laquelle flotte l'écharpe céleste qui tombe ensuite à ses pieds. Sa main droite est posée sur sa cuisse droite. Sa main gauche est ramenée devant lui.

Bois doré, bruni, pour la statue, laqué rouge pour le socle.

1478 — Huo-shen ou un de ses satellites. Debout et dont le bras droit levé devait tenir un sabre. Son poing gauche serré fait un geste de menace, devant sa poitrine. Comme l'esprit du feu, n° 1477, il a les cheveux, la barbe, les sourcils rouges et deux touffes de cheveux s'élèvent comme des flammes au-dessus de ses oreilles. Comme lui, il est vêtu du costume de général, il a l'écharpe céleste, une petite coiffure, mais il n'a pas comme lui les trois yeux.

LES BE-SAI-YA (Amoy)

Nom donné à Amoy, aux auxiliaires du dieu des murailles et des fossés.

Bronze

1479 à 1481 — Les Be-sai-ya et un cheval sellé que l'un d'eux doit tenir par la bride.

Trois statues fondues très minces.

ŒIL DE MILLE-MILLE ET OREILLE BON-VENT

Ce sont des satellites de la patronne des marins Ma-tso-po (Amoy) appelée aussi « Sainte mère des cieux » et « Reine des cieux ». Tous deux tiennent généralement un fauchard d'une main. De leur main libre, l'un, Œil-de Mille-Mille, abrite ses yeux, l'autre, Oreille Bon-Vent enveloppe son oreille.

Bois

1482 — Œil de Mille-Mille ou Oreille Bon-Vent. Debout sur

socle, la tête entourée de l'écharpe flottante. Sa main gauche manque, ainsi que l'arme qu'elle devait tenir de la main droite.

Bois sous laque brune, dorée.

DIVINITÉS ET PERSONNAGES DIVERS
Bronze

1483-1484 — Deux statuettes se faisant évidemment pendant et qu'une notice qui accompagnait la collection plaçait de chaque côté d'une Kouan-yin (désignée sous un autre nom) et considérait comme représentant des serviteurs de cette déesse.

Le n° 1483, personnage debout sur socle bois. Il tient de la main droite une gourde, de la gauche, un serpent qui s'enlace autour de son bras. Il a le costume et la coiffure chinois. Celle-ci un peu mutilée est une sorte de calotte qui semble surmontée d'un serpent qui se redresse. Le visage du personnage est imberbe. Il fronce les sourcils, ainsi que semble l'indiquer deux traits fortement gravés au-dessus des yeux et s'écartant obliquement de la ligne du nez. Deux petites mèches de cheveux s'élèvent comme des flammes au-dessus de ses oreilles.

Bronze autrefois recouvert de laque dorée. Le visage et les mains, emblent revêtus d'une dorure métallique.

1484 — Personnage debout sur un socle bois, même costume et coiffure que le précédent. Il est moins obèse, son visage est plus jeune et porte une barbiche très courte. Sa main droite ramenée vers sa poitrine est fermée et devait tenir un objet. Sur son poing droit est perché un oiseau.

Même matière que la statuette n° 1483.

1485 — Petite statuette de personnage nu, assis, les jambes écartées et faisant le geste de celui qui soufle dans ses doigts.

Bronze doré.

1486 — Divinité debout sur un socle et portant suspendu à une lanière posée sur son épaule gauche deux sacs qui s'appuient, l'un sur sa poitrine, l'autre sur son dos. Des trous ménagés dans ces sacs laissent voir des visages d'enfants. Un enfant s'élève à mi-corps dans l'ouverture du sac de devant. Les cheveux de la divinité forment deux cônes en arrière et au sommet de sa tête; des ornements sur le devant de ces cônes de cheveux et au-dessus de chaque oreille ont la forme de flammes; son front est ceint d'un bandeau se terminant devant et au milieu par deux volutes opposées; son cou et ses épaules sont recouvertes par une sorte de châle; ses bras et son torse sont nus. Sa main droite est posée sur la hanche du même côté. Des bracelets faits d'un anneau à médaillon se voient à ses avant-bras et à ses poignets.

Métal recouvert de laque dorée brune sur la divinité; peinte en rouge sur le socle. Cette divinité rappelle par son aspect diabolique et son sac, l'Affrite-sia des Persans.

1487 — Personnage debout, à longue barbe grisonnante, coiffé d'un chapeau relevé par derrière et vêtu à la chinoise. Il a les mains jointes, les doigts allongés devant sa poitrine. Un chapelet est passé dans son bras gauche.

Bronze doré, la barbe, les cheveux, les sourcils du personnage peints en bleu, ses prunelles peintes en noir, ses lèvres en rouge.

1488 — Personnage assis, à longue barbiche et à longs favoris. Il est coiffé d'une sorte de chapeau plat dont la partie antérieure est rabattue et ramenée en avant, formant des plis d'étoffe. Il tient de la main droite un écran.

Le personnage en bronze doré. La barbe et la barbiche peints en noir. La coiffure peinte en vert et bordée de rouge. L'écran en fer.

1489 — Personnage debout sur un socle, et en costume chinois. Il tient un vase à couvercle de ses deux mains cachées sous une étoffe.

Métal laqué or brun.

1490 — Personnage debout sur socle, à fine et longue barbiche. Il est costumé d'une robe à longues manches pendantes. Son chapeau de forme chinoise est mutilé. Il porte devant lui, sur sa main droite, une sorte de tablette, derrière laquelle il dresse sa main gauche ouverte, la paume en avant.

Bronze.

1491-1492 — Statuettes de deux personnages debout, dans la même attitude et portant une coiffure analogue. L'un porte une longue barbe, l'autre une barbe frisée. Leur coiffure est une sorte de chapeau pointu, dont la pointe s'incline en avant, et qui serait entouré d'un turban à sa base. Ils sont vêtus d'une longue robe que recouvre une veste serrée à la taille par une ceinture nouée devant et dont les pans retombent librement. Le personnage a la barbe frisée, tient sur ses deux mains, cachées par une étoffe, un assez long rouleau courbé qui semble un rouleau de tissu. L'autre personnage tient de même manière un objet qui rappelle un emblème désigné souvent sous le nom de corne de rhinocéros et se dessine comme une dent de tigre dont le haut (la partie large), en forme de triangle, est orné d'une perle à chaque angle.

Bronze.

1493 — Personnage debout sur un socle, et à longue et épaisse barbe. Il est revêtu d'un costume militaire, sa coiffure est une sorte de casque à ailettes, surmonté d'une touffe de poils. Derrière sa tête, flotte l'écharpe qui retombe jusqu'à ses pieds. Il tient un objet dans chacune de ses mains, écartées de son corps. A droite, c'est sans doute un sabre.

La statuette en bronze doré. Le socle en bronze ordinaire.

1494 — Personnage debout sur socle. Il est vêtu d'un costume militaire, son casque à ailettes est orné au sommet d'une touffe de poils et au-dessus du front est surmonté d'un ornement représentant la lune ou le soleil entre deux nuages. Les deux mains du personnage sont jointes devant sa poitrine, la main gauche pliée sous sa main droite, leurs deux pouces redressés. Il tient sous son bras gauche, une hache dont le fer vient, de ce côté, s'appuyer sur son poignet.

La statuette en métal recouvert de laque brune dorée, le socle peint en rouge.

1495-1496 — Deux personnages debout sur socle, coiffés et vêtus à la chinoise. Leurs mains, réunies sous une étoffe, présentent un objet qui est pour l'un des personnages un disque avec un œil, pour l'autre un objet ovale difficile à définir.
Bronze doré enfumé.

1497 — Personnage féminin debout sur un socle, vêtu d'une longue robe que recouvre un manteau, aux manches très amples et serré à la taille par une écharpe nouée en avant dont les pans retombent librement. Ses cheveux, formant un chignon au sommet de sa tête, cachent en partie ses oreilles et recouvrent sa nuque. Il tient devant lui, sur une étoffe, le cordeau. Celui-ci a la forme d'un bateau au milieu duquel est la poulie sur laquelle s'enroule le fil.
Vieux bronze autrefois recouvert de laque brune dorée.

1498 — Personnage féminin debout sur une terrasse. L'écharpe céleste flotte derrière sa tête qui est surmontée d'un diadème. De ses deux mains, cachées sous une étoffe, il présente un brûle-parfums sur un plateau.

1499 — Divinité debout sur socle quadrangulaire. Son front, orné du signe ûrnâ, est surmonté comme le front des *niang-niang* d'un Fong-hoang. Il tient à deux mains devant lui un sceau enveloppé.
Bronze autrefois laqué.

1500 — Enfant couché la tête appuyée sur son bras gauche.
Bronze.

Bois. — Ivoire. — Racine de Mandragore

1501 — Personnage au costume et à la coiffure chinois assis sur une sorte de borne formant support pour ses pieds. Sa coiffure est un chapeau de forme quadrangulaire dont la moitié postérieure s'élève sur la moité antérieure. Sa robe est retenue à sa taille par une ceinture. Il tient à deux mains devant lui le hou. (Sorte de tablette que certains fonctionnaires mettent devant leur bouche lorsqu'ils parlent à un grand personnage, et qui est aussi destinée à prendre des notes).

Bois recouvert de laque d'or brunie. Certaines parties des manches et du chapeau sont peintes. Un creux ménagé dans le dos du personnage a dû contenir des charmes.

1502 — Personnage faisant pendant au n° 1501.

1503 — Personnage assis, de même type que le n° 1501, mais dont la coiffure diffère un peu. Le hou manque. Sur le devant de la coiffure est représentée la boule enflammée accostée par deux dragons dont les queues se redressent et apparaissent immédiatement devant la partie relevée du chapeau, leurs extrémités encadrant une demi-boule enflammée. La partie relevée du chapeau est arrondie au lieu d'être carrée comme sur le 1501.

Bois laqué or bruni, quelques parties peintes en vert et en rouge. Creux dans le dos comme pour le n° 1501.

1504 — Personnage debout sur une borne quadrangulaire, vêtu et coiffé à la chinoise. Sa robe est serrée à sa taille par une étroite ceinture dont un pan retombe devant lui. Une écharpe passe sur ses deux épaules et tombe de chaque côté jusqu'à terre. Sa coiffure est une sorte de calotte arrondie, dont la moitié postérieure se relève et s'arrondit également. De chaque côté se voit un étroit ornement en forme de flamme. Le personnage tenait à deux mains, devant lui vraisemblablement, une longue hallebarde.

Bois doré. La coiffure laquée noir. Creux dans le dos comme au n° 1501.

1505 — GROUPE DE QUATRE STATUETTES debout, réunies sur un socle ayant chacune derrière elle une gloire représentant des pics de montagnes autour desquels s'élèvent des nuages qui s'écartent à une certaine hauteur de manière à former un nimbe rond. Ce nimbe est garni de papier d'argent. Deux de ces personnages ont le sommet de leur tête surmonté d'une sorte de petite couronne. Chacun devait tenir de ses deux mains réunies devant sa poitrine, un koueï. Les deux autres ont la tête surmontée d'une riche coiffure qui s'enroule en arrière. L'un devait tenir de même manière que les précédentes, un koueï. L'autre présentait un objet sur une étoffe qui lui cache les deux mains.

Bois assez soigné, recouvert de laque dorée brune.

Le catalogue qui accompagnait la collection désigne ces personnages sous le nom de Te-sche.

1506 — PERSONNAGE assis sur un socle, en costume de général et à chapeau surmonté de différents ornements sur le devant et relevé en arrière. Il a le visage et les mains noirs. Son visage est tacheté de points blancs sur son nez, ses pommettes, ses tempes, ses oreilles, son menton, le milieu de son front. Il tient de la main droite un objet (dont il manque une partie) qu'il semble montrer de sa main gauche dont le pouce et les deux doigts du milieu sont réunis.

Bois doré. Socle peint en rouge.

1507 — PERSONNAGE dont le genou gauche est à terre, la jambe droite pliée et redressée. Sa tête est surmontée d'une tiare aux contours lobés. Ses cheveux s'élèvent en un haut chignon au sommet de sa tête. Deux mèches ornemanisées tombent sur ses épaules et ses bras formant des boucles. Sa poitrine nue est ornée de colliers et de pendeloques. Sa jupe, qui forme des plis sur ses cuisses, laisse ses jambes nues. Les pans d'une ceinture tombent entre ses jambes. Il tient sur sa main gauche le lingot. Sa main droite cassée, manque.

Vieux bois laqué brun et très terni.

1508 — PETIT PERSONNAGE chinois debout tenant un hou.
Bois laqué brun doré.

1509 — PETITE STATUETTE. Personnage assis, en costume officiel chinois. Sa main gauche posée sur son genou gauche. Sa main droite devait tenir un objet.
Bois doré terni.

1510 — JEUNE HOMME assis, revêtu du costume de général chinois, coiffé d'une sorte de chapeau aux bords relevés par derrière et sur le dessus duquel se voit une étoffe nouée. Sa main gauche est posée sur son genou. Sa main droite, fermée, posée sur sa cuisse droite, tenait un objet.
Bois recouvert de laque dorée, brune.

1511 — DIVINITÉ assise dans une sorte de chapelle quadrangulaire.
Bois très grossier.

1512 — STATUETTE IVOIRE représentant une femme tenant une branche de lotus et un enfant.

1513 — STATUETTE IVOIRE représentant une femme inclinée, assise, derrière laquelle une femme plus petite est agenouillée.

1514 — PERSONNAGE debout, levant les bras en l'air.
Racine de mandragore.

1515 — PERSONNAGE. Debout, à longue barbe, tenant un panier.
Racine de mandragore.

1516 — Personnage debout.
Racine de mandragore.

1517 — Personnage debout, à longue barbe.
Racine de mandragore.

1518 — Personnage. Debout.
Racine de mandragore.

Porcelaine. — Faïence. — Terre-cuite

1519 — Jeune garçon tenant sur sa poitrine un vase à feuille et bouton de lotus.
Porcelaine émaillée rose, vert, bleu, jaune.

1520 — Jeune garçon tenant un vase à bouton et à fleur de lotus. Son tablier à décor de mosaïque.
Porcelaine émaillée vert, jaune, rouge de fer.

1521 — Jeune garçon tenant à deux mains, sur sa poitrine, un vase d'où s'élèvent un bouton et une feuille de lotus.
Porcelaine émaillée vert, jaune, rouge de fer.

1522 — Jeune garçon tenant sur sa poitrine un vase qui contient une feuille et un fruit de lotus.
Porcelaine émaillée bleu, vert, rouge de fer, rose.

1523 — Statuette d'enfant debout, tenant d'une main un sceptre, de l'autre un pinceau sur un encrier.
Porcelaine décorée d'émaux vert, rose, jaune blanc.

1524 — Jeune garçon tenant à deux mains contre sa poitrine un vase dans lequel se trouvent un bouton et une feuille de lotus.
Porcelaine décorée d'émaux vert, jaune, violet, rouge de fer.

1525 — PETITE STATUETTE D'ENFANT riant, assis et demi-nu, tenant des feuilles de lotus.
Biscuit de porcelaine.

1526 — PETITE STATUETTE D'ENFANT riant, assis et tenant un lotus.
Porcelaine à couverte blanche céladonnée.

1527 — STATUETTE DE JEUNE FEMME tenant une tige de lotus. Sa robe émaillée jaune à décors floraux polychromes.
Porcelaine.

1528 — STATUETTE DE JEUNE HOMME debout, souriant, dont la coiffure au-dessus du front forme une sorte de diadème.
Porcelaine émaillée jaune et vert à décors polychromes.

1529 — PERSONNAGE debout à longue barbe, dont la coiffure s'élève en diadème sur son front.
Porcelaine émaillée vert et jaune, rose, et à ornements polychromes.

1530 — STATUETTE DE JEUNE FEMME debout, tenant une coupe.
Porcelaine émaillée, vert et rose.

1531 — JEUNE FEMME debout tenant une tige de lotus.
Porcelaine émaillée rose et blanc, décors polychromes.

1532 — JEUNE FEMME debout tenant un chasse-mouche.
Porcelaine émaillée rose, vert, jaune, rouge de fer.

1533 — STATUETTE DE PERSONNAGE debout, un bras en l'air.
Porcelaine blanche céladonnée.

1534 — STATUETTE D'ENFANT ASSIS tenant d'une main une fleur, de l'autre l'orgue de bouche.
Faïence sous couverte jaunâtre craquelée.

COLLECTION CHINOISE

1535 — Personnage assis, la tête enveloppée dans son manteau, ayant un peu l'aspect sous lequel on représente généralement Ta-mô (Dharma), mais la surface et la statuette couvertes de petites alvéoles évoquent aussi l'idée d'un personnage né dans des rayons d'abeille, et dont on ne verrait que le visage.
Terre cuite.

1536 — Personnage dans les alvéoles, le même que le précédent.

1537 — Personnage semblant naître d'un tronc d'arbre. Ascète riant, à longue barbe et au front couvert de rides.

1538 — Enfant à cheval sur un tigre.
Terre moulée, dorée.

Terre

1539 — Divinité assise, les deux mains réunies l'une devant l'autre, les doigts allongés devant sa poitrine. Elle est vêtue d'un manteau à pèlerine et à larges manches pendantes, recouvrant une robe serrée au-dessus de sa taille par une ceinture dont les pans tombent sur le devant et sont ornés d'enroulements en relief. Elle porte au cou un collier auquel est suspendu sur sa poitrine une boucle? Sa coiffure, sorte de calotte cylindrique, basse, ornée de rangs de perles disposées verticalement et horizontalement, est décorée sur le devant d'une figure en forme de triangle, posée sur un ornement en accolade et entre deux disques, le soleil et la lune supportés par deux petits nuages.
Sorte de terre très fine, maintenue à l'intérieur de la statuette par de la toile et recouverte de laque brune dorée, très enfumée à l'extérieur.

Jade. — Pierre de lard.

1540 — Petite statuette. En plaquette, représentant un personnage debout.
Jade gris.

1541 — Deux personnages. Debout sur un socle et vêtus de la robe de moine, se tenant l'un contre l'autre.

Les personnages en pierre de lard blanche. Le socle en bois de fer sculpté.

PETITES SCULPTURES

1542 à 1550 — Ensemble de petits groupes en bois sculpté, représentant sur des socles quadrangulaires : le n° 1543, un char, porté par huit chevaux, montés par des cavaliers, et à l'intérieur duquel se voit un petit personnage assis. Le n° 1544, un petit char analogue, mais porté (?) par onze individus. Le personnage est un peu différent du précédent par son costume. Le n° 1545 : un petit char à quatre roues, traîné par cinq chevaux, et escorté par deux petits personnages portant sur leur tête un plateau avec des fruits ; le char est surmonté d'une grosse pêche ; 1546 et suivants, sont des groupes de deux petits personnages tenant un melon ou tenant une grosse pêche (1546, 1547), ou montés l'un sur l'autre ou mangeant une pêche ou semblant lutter, ou tenant dans leurs mains une pêche, un cédrat, main de Fo, un écran, une tête de champignon ?

Bois sculpté et peint de plusieurs couleurs.

1551 — Chameau.

ANIMAUX SCULPTÉS
Bronze, fer et bois

1552 — Ki-lin couché. Devait porter sur son dos soit un miroir, soit un disque rond du genre de certaines tablettes honorifiques.

Bronze doré.

1553 — Porc. Sans doute un attribut de Mari-tchi.

Fer.

1554 — LION debout sur un socle.
Bois laqué, or bruni.

1555-1556 — DEUX KI-LIN. L'un a une corne, l'autre a deux cornes portant un vase sur leur dos et se faisant pendant. Ils sont debout sur un socle.
Bois laqué, enfumé.

1557 — LE SHI-TZE, lion ornemanisé, debout sur socle.
Bois doré.

1558 — SITZE. Couché.
Bois doré, bruni.

1559 — UN SHI-TZE couché.
Vieux bois, peint de plusieurs couleurs.

1560 — DEUX SHI-TZE couchés.
Vieux bois recouvert de laque dorée, très ternie.

1561 — DEUX SHI-TZE.
Bois sculpté et doré.

1562 — HIAÏ-TCHI (sorte de licorne) couchée.
Bois laqué, or brun.

1563 à 1565 — TROIS LIONS, SHI-TZE.
Bois doré.

1566-1567 — DEUX ÉLÉPHANTS.
Bois doré.

1568 — UN ÉLÉPHANT.
Bois doré.

1569-1570 — DEUX LIONS.
Bois dorés, pour applique.

III

OBJETS DU CULTE

SPÉCIMENS DE TEMPLES

1571 — Spécimen d'un temple dédié à Matsopo « La Sainte mère des cieux » et comportant un portique, deux tourelles, l'une renfermant une cloche ; le temple proprement dit, deux stèles, chacune élevée sur une tortue, le bassin aux ablutions, et deux mâts auxquels sont suspendues des bannières faites de longues bandes d'étoffe.

1572 — Spécimen de temple rappelant par sa forme le temple du ciel à Pékin. Construction ronde à double toit et supporté par six colonnes élevées sur une plate-forme à balustrade, à laquelle on parvient par un escalier.
Bois recouvert de laque dorée brunie et de laque noire.

1573 — Petit temple en bois de fer, très soigneusement exécuté. Les portes, les fenêtres, les balustrades à panneaux ajourés. Le soubassement est sculpté de godrons, de rinceaux, de grecques chinoises. Au-dessus de la porte et sur deux colonnes à l'entrée sont des inscriptions. Celle au-dessus de la porte veut dire : « Que vos pensées pieuses ne se lassent jamais » ; celle à droite : « Qu'au printemps et à l'automne vous déployiez vos pensées (pieuses) qui ne diminuent pas » ; celle de gauche : « Qu'au seuil du Palais vous jouissiez d'un bonheur sans limite » (1).

(1) Traductions de M. Pelliot.

1574-1575 — Deux pagodes. A base octogonale et formées de deux pavillons superposés à double toit. Dans les pavillons de l'une se voient : au rez-de-chaussée un personnage assis à barbe épaisse costumé en général, sa main droite à sa ceinture et sa main gauche tenant une tablette où sont écrits deux caractères ; au second étage, un enfant assis sur un éléphant et tenant un sceptre. Dans les pavillons de l'autre ce sont : au rez-de-chaussée, un personnage assis, analogue au précédent, également costumé en général, mais les longues mèches de sa moustache et de sa barbiche tombent séparément sur sa poitrine. Sa main gauche se rapproche de sa ceinture et fait un geste, sa main droite tient une tablette de même forme et à la même inscription que celle de son pendant. Au second étage un personnage, dont la tête manque, mais sans doute un enfant assis sur un Kilin, faisant un geste de sa main gauche et tenant un bol sur sa main droite. Les plafonds de chacun des pavillons du rez-de-chaussée sont décorés du dragon à cinq griffes et ceux des pavillons du second étage de la grue. L'armature de ces pagodes est en bois, mais le reste, presque tous les détails et toute l'ornementation, les statuettes elles-mêmes sont en carton peint doré, gaufré, relevé ici et là de quelqnes fausses pierres rouges, jaunes, bleues, vertes.

1576 — Spécimen de temple.

1577 — Petite pagode. A sept étages.
Bois.

VÊTEMENT DE PRÊTRE

1578 — Vêtement de prêtre en soie fond jaune, genre dit « Gobelins », orné de médaillons carrés de couleurs et de décors variés et entre lesquels courent des enroulements multicolores en forme de salamandres, et de rinceaux à fleurons de lotus. Parmi les décors des carrés se voient des vases portant des livres roulés, un sceptre, des branches de corail ; puis des brûle-parfums, des joyaux enflammés, un palais dans les nuages, d'autres emblèmes tels que la conque, la roue, le lacet, la bannière, la corne, la pierre sonore, le Fong-Hoang, le dragon à cinq griffes, le Shi-tze, l'éléphant.

RELIQUAIRES ET CHAPELLES

1579 — Deux reliquaires. En laque dite de Pékin, en forme de stûpa, surmontés de la perle flamboyante, sous forme d'une pierre rose sertie bronze doré. Les reliquaires sont décorés de dragons à cinq griffes et des huit emblèmes taoïques.

1580 — Petite chapelle. En bois de fer, en forme de pavillon quadrangulaire et dont le double toit est soutenu par d'élégantes colonnettes. Les frises des toits et les balustrades, à la base de l'édifice sont soigneusement sculptées à jour.

1581 — Sorte de grande chapelle en bois naturel, très ouverte, dont le toit en auvent est soutenu aux angles et sur le devant par deux colonnettes. Elle est divisée en deux dans la profondeur. L'espace compris entre les colonnettes et la seconde partie de la chapelle est complètement ouvert, limité sur ses côtés extérieurs: en haut par une frise ajourée; en bas par une balustrade également ajourée, interrompue devant à égale distance pour laisser au milieu une entrée. La seconde partie est encadrée sur le devant par une boiserie sculptée et ajourée décrivant des rinceaux fleuris.

1582 — Chapelle en bois de fer sculpté, de forme hexagonale, décorée de dragons, de chauves-souris dans les nuages et de rinceaux.

1583 — Élégante chapelle en bois de fer, en forme de pavillon quadrangulaire à double toit orné de sculptures et de galeries ajourées.

1584 — Petit meuble pour trois tablettes mortuaires.
Bois.

TABLETTES MORTUAIRES ET VOTIVES

1585 — Tablette avec inscription dressée sur son piédestal. La tablette est encadrée par des dragons à quatre griffes sculptés au milieu de nuages.
Bois doré bruni.

1586 — Tablette votive sur un socle à balustrade et entourée de dragons sculptés.
Bois laqué or bruni.

1587 — Tablette mortuaire formée de deux planchettes, maintenues l'une sur l'autre et fixées sur le même pied, qui repose sur un piédestal orné d'une petite galerie. Elle est entourée d'une sorte de niche et est renfermée avec elle dans un étui de bois qui les recouvre jusqu'à la base et est percé sur le devant du caractère Cheou. Longévité, en cercle.

1588 à 1592 — Tablettes mortuaires.

GARNITURES D'AUTEL

1593 — Garniture d'autel en bronze, formée de cinq pièces : un brûle-parfum, deux vases, deux chandeliers. Les anses des vases et du brûle-parfum, le pied des chandeliers sont décorés en bas-reliefs de feuilles tombantes et d'ornements en volutes, rappelant les pétales du lotus. Les autres parties de ces objets montrent des zones de grecques ou d'enroulements, parmi lesquels on pourrait reconnaître des têtes de Fong-hoang. Le bord supérieur du brûle-parfum, porte cette inscription : « Fabriqué la première année du règne de Yong-tching de la dynastie des Tsing », c'est-à-dire, en 1723. Les deux vases portent un bouquet de fleurs, feuilles et fruits de lotus sculptés en bois, en partie dorés et peints en vert. Les chandeliers sont munis de leurs bougies blanches, décorées de dragons et de nuages en bas-relief.

1594 — Garniture d'autel en cloisonné à fond jaune et formée d'un brûle-parfum de forme oblongue, de deux vases et de deux chandeliers. Ces cinq pièces sont décorées de rinceaux polychromes et de fleurs de lotus ornemanisées. L'intérieur du brûle-parfum est décoré de trois dragons à cinq griffes, deux bleus, un jaune. Ses quatre pieds, légèrement recourbés, s'échappent de gueules de chimères en cuivre doré.

1595 — Garniture d'autel composée de neuf pièces en porcelaine blanche, à décors polychromes. Ces neuf pièces sont : deux vases, deux chandeliers, quatre plateaux de fruits divers disposés en pyramides, un brûle-parfum. Les plateaux ont la forme de fleurs de lotus épanouies, supportées par un pied élevé. Les fruits sont : la pêche, la grenade, le kaki, une sorte de pomme. Le décor de ces neuf pièces consiste en rinceaux fleuris et en emblèmes, ceux-ci sont : la fleur de lotus, la roue, la conque, le lacet, le parasol, les poissons, le vase, une sorte de fleur aux pétales roses, émettant un gros pistil annelé, de chaque côté duquel est figuré un point rouge. Chaque pièce repose sur un pied en bois de fer. Elles portent l'inscription : « Ta-tsing, Khien-long nien tchi ». Fabriqué sous Khien-long des Tsing, 1736-1796.

1596 — Garniture d'autel en étain, comprenant : deux chandeliers, deux coupes, un brûle-parfum. La tige de chacun des chandeliers est formée du caractère « Fou » bonheur, surmonté d'une coupe quadrilobée, puis du double caractère « Hi » bonheur, puis d'une seconde coupe plus petite, au milieu de laquelle se dresse la pointe où sera piquée la bougie.

1597 — Candélabre en forme de pont, dont les deux rampes sont garnies de sept pique-bougies munis de leurs bobèches.

VASES DIVERS SERVANT AU CULTE

Bronze

1598 — GRANDE URNE (TING) sur trois pieds droits qui se dégagent de gueules de monstres. Deux anses quadrangulaires se dressent verticalement dans la gueule de monstres analogues. Elles sont évidées en leur milieu de façon à permettre de passer le bâton avec lequel on pourra transporter l'objet. La panse est décorée de deux grandes zones d'ornements géométriques, encadrées de bandes étroites d'ornements ondulés parallèles. Sur l'épaulement, et devant, peut se lire l'inscription : « Ta-tsing, Khien-long nien tchi », fabriqué sous l'empereur Khien-long, 1736-1796 des grands Tsing.
Beau bronze.

1599 — VASE.
Bronze.

1600 — PETIT BRULE-PARFUM CYLINDRIQUE portant en dessous l'inscription : « Ta-Ming Siouen-te nien tchi », 1426-1436.

1601 à 1603 — TROIS BRULE-PARFUM.
Cuivre.

1604 à 1607 — QUATRE COUPES A SACRIFICES.
Métal peint en rouge.

1608 — COUPE TSIO ornée sur la panse d'un bandeau où se voit, réservés par la gravure, deux animaux ornemanisés sur fond de grecque. Dessous un cachet aux caractères : « Ta-tsing, Khien-long nien tchi ». Fabriqué sous Khien-long, 1736-1796.

1609 — VASE YÉOU suspendu dans un cadre en bois de fer. Décor gravé, représentant le Tao-tieh, la grecque, des fleurons. Le fronton du cadre est décoré du signe : « Fou » bonheur.

COLLECTION CHINOISE 91

1610-1611 — Deux coupes Téou à piédouche, décorées sur le pied : de lignes ondulées entourant des ornements géométriques (nuages tombants) et des suites de demi-cercles concentriques ; sur la panse : de séries de figures demi-ovales concentriques (anneaux) et de la grecque (tonnerre). Dans le bas, autour du pied, la marque ; « Ta-tsing, Khien-long, nien tchi ». Fabriqué sous Khien-long, de la dynastie des Tsing (1736-1796).

1612 — Vase Koueï à mettre les offrandes de grains. De forme ovoïde, à trois pieds, représentant des feuilles. Le couvercle est surmonté de trois ornements analogues à ceux qui forment les pieds. Deux anses sont constituées par des avant-corps de chimères, à deux cornes, sur les cuisses desquelles courent des flammes. Le décor sur la panse est une mosaïque d'hexagones (écaille de tortue). Sur les bords : c'est la grecque et une série d'ornements formés d'un petit quadrilatère lobé d'où part, à droite et à gauche, une tige ondulée, émettant, à de courts espaces, de petites branches opposées, à têtes triangulaires. Sur le couvercle : un premier bandeau, décoré d'une ligne ondulée supportant de petits ornements alternés en forme de nuage stylisé. Un second est décoré de la grecque. Un troisième, plus grand, est décoré du swastica. Enfin, le milieu est décoré d'un enroulement de nuages entourés de fins rinceaux, rappelant « l'herbe indienne », telle qu'on la représente généralement. En-dessous, un cachet aux caractères : « Ta-» tsing Khien-long nien-tchi ». Fabriqué sous Khien-long, des Tsing (1736-1796).

1613 — Vase Koueï de forme ovale sans son couvercle et sur piédouche ; décoré sur le piédouche d'une série de demi-cercles concentriques et d'une série de petites lignes courbées en arc, surmontées de deux yeux (bouche et yeux de Tao-tieh). Sur la gorge : d'une ligne ondulée enveloppant des ornements géométriques (nuages tombants) ; sur la panse : d'une suite de figures ovales ornées de deux boutons formant comme deux yeux (serpent enroulé) et de la grecque (tonnerre).

Dessous cachet aux caractères « Ta-tsing, Khien-long, nien tchi », 1736-1796.

1614 — Brule-parfum à deux anses et à trois pieds légèrement cambrés sortant de mufles de chimères unicornes. Panse non décorée ; col décoré de la grecque chinoise. Le couvercle est surmonté d'un Shi-tze jouant avec la boule.
Pied en bois de fer noir.

1615 — Buire en cuivre, le couvercle surmonté d'un lion.

1616 — Petit brule-parfum en cuivre, à trois pieds.

1617 — Petit brule-parfum orné sur la panse de deux mufles de Shi-tze. Le couvercle surmonté de ce même animal dressé sur ses quatre pattes.

1618 — Petit brule-parfum sans couvercle, à six lobes à trois pieds et deux anses formées de mufles de chimères unicornes. Sur la panse, chaque lobe est décoré d'un médaillon quadrangulaire où se voient en haut-relief des branches de prunier, de chrysanthème, de pêcher, de pin, de pivoine, de cerisier et des petits oiseaux. Autour du col, est une ligne de godrons. En dessous du brûle-parfum, en guise de marque, est une fleur de cerisier à peine gravée. Le rebord de l'ouverture du brûle-parfum est décoré de moires noires sur fond brun. Les trois pieds sont dorés.
Les ornements et les mufles de la panse sont en cuivre noir. La panse est à patine noire.

1619 — Petite cloche (Tchoung) de forme quadrangulaire, surmontée d'une tige portant un demi-anneau pour la suspendre. Elle est décorée sur la panse de la figure du Tao-tieh et de séries de pointes dirigées obliquement de haut en bas. Il y a neuf de ces pointes sur chacune des faces de la cloche. Ce genre d'ornement est appelé « mamelle » par les Chinois.

1620 — Cloche de forme ovale à anse formée de deux animaux opposés, dont les têtes sont réunies par un petit arc quadrangulaire. Panse décorée de chaque côté, dans le bas, du Tao-tieh sur fond de grecque ; au-dessus, de deux panneaux divisés comprenant trois bandes à trois mamelles et deux bandes décorées du tao-tieh. Le dessus de la cloche est orné de deux fleurons.

1621 — Plaque-sonore suspendue dans un cadre en bois de fer. Ses contours sont découpés en forme de nuages et elle est décorée sur chaque face de bas-reliefs ciselés représentant le caractère « Fou », entouré de chauves-souris et de nuages. Le fronton du cadre est décoré du signe « Fou » bonheur.

1622-1623 — Paire de vases en bronze à panse ovale, munis de deux anses à chacune desquelles est suspendu un anneau. Le décor sur la panse est le Tao-tieh sur fond de grecque chinoise ; sur le col, la grecque chinoise ; autour du pied, la dent de loup. Sur la ligne des anses s'élève de chaque côté, sur la panse et le pied, une arête striée, légèrement saillante.
Petits pieds en bois de fer.

1624 — Vase en forme de balustre à deux anses à têtes d'unicornes (kilin), supportant deux anneaux. Le pied décoré d'ondes, le col décoré de la grecque.
Socle en bois de fer.

1625 — Petit vase à piédouche et à col évasé.

1626 — Le même.

1627 — Petites cymbales en métal blanc décorées en bas-relief des huit emblèmes : le vase, la fleur, la conque, le lacet, la roue, les poissons, le parasol, l'étendard.

1628 — Tête de dragon en cuivre doré ayant sans doute formé la tête d'une hampe et à laquelle était suspendue une bannière.

Porcelaine

1629 — Coupe ovale formant la base d'un vase Koueï destiné aux offrandes et décorée en bas-relief, sous couverte jaune, d'ornements empruntés à d'anciens vases en bronze, cachet de Khien-long, 1756-1796.

MOBILIER POUR LE CULTE

1630 — Console ovale à quatre pieds pour autel domestique. Bois de fer sculpté.

1631-1632 — Longues tiges cylindriques et creuses semblant faites d'une plante séchée qu'on aurait évidée en conservant sa double écorce. Les tiges sont perforées sur leur contour et dans toute leur hauteur de trous ovales laissant voir la superposition des deux écorces, l'écorce intérieure s'étant en séchant plus rétractée que l'écorce extérieure.

Elles sont maintenues à la base dans une sorte de manchon de bois découpé et ajouré, entouré d'une balustrade, le tout reposant sur un haut socle à quatre pieds en console fixés sur une base cylindrique à gorge divisée en panneaux.

Le socle en bois laqué brun avec quelques parties en laque dorée brunie.

1633 — Grand socle oblong en bois de fer, à balustrade surmontée de petites chimères et ornée de panneaux ajourés. Les frises de la base sont sculptées de fleurs et de rinceaux. L'une d'elle est composée d'une suite de godrons.

1634 — Petit portique en bois sculpté destiné à supporter une cloche ou une plaque sonore.

Gongs

1635 — Gong en forme marmite, décoré du Tao-tieh, animal fantastique.

1636 — Gong plus petit que le précédent même, forme et même décor.

Grelot. — Bois

1637 — Gros grelot, dont la poignée est faite de deux têtes de Fong-hoangs affrontés.

1638 — Le maillet du grelot précédent.
Bois peint en rouge et doré.

Rateliers d'emblèmes

1639 — Sept emblèmes portés dans les processions ou les cortèges importants : Une main tenant un pinceau, emblème du pouvoir civil ; une hache, emblème du pouvoir militaire ; une hampe terminée par une tête de dragon, à laquelle devraient être suspendues des touffes de poils ; une main ouverte ; un étrier ; un objet en forme de melon, disposé verticalement ; un objet du même genre, disposé horizontalement.

1640 — Ratelier d'emblèmes miniature pour cinq emblèmes : les deux melons ; la main ouverte ; l'étrier ; le cinquième objet manque.
Bois laqué rouge, les emblèmes dorés.

1641 — Ratelier d'emblèmes miniature composé de cinq emblèmes : le parasol ; deux écrans décorés l'un du Fong-hoang et du caractère « lune » ; l'autre du dragon, et du caractère « soleil » ; deux hampes à tête de dragons.

Bois laqué rouge.

1642 — Ratelier d'emblèmes miniature. Composé d'une tablette, de hampes à tête de dragon ; d'un sabre annelé. (Un autre emblème manque). La tablette porte une inscription en l'honneur du « Grand et saint Kouan ti », dieu de la guerre.

Bois naturel.

ORNEMENTS D'AUTEL

Tissus

1643 — Devant de table en soie tissée et formé d'un carré de soie jaune, bordé en haut d'une frange de diverses couleurs, et encadré de bandes de soie rouge. Le décor du carré consiste en semis du caractère « Cheou », longévité, écrit en cercle et entouré de dragons ornemanisés et affrontés. Les intervalles entre les caractères sont remplis de nuages roses, bleues, rouges, verts, couleur havane, qui associent leurs couleurs à celles des caractères qui sont bleu-noir sur fond jaune clair, et des dragons qui sont bleu-clair. L'encadrement est décoré de larges fleurons de lotus bruns, roses, bleus, couleur havane et de feuillages verts.

1644 — Devant de table, soie noire décorée, au milieu, en fils d'or cousus, d'un dragon au milieu de chauves-souris et de pêches.

1645 — Devant de table en soie couleur fraise écrasée et à bordure bleue décoré en haut d'abord d'une sorte de vase élevé sur pied et d'où s'écartent des ornements retombant en pendentifs ; puis d'autres vases portant soit une plume, soit une plante, puis de pêches posées sur un plateau. Au milieu : une grue est debout sur une patte au-dessus de flots, desquels émergent deux dragons à cinq griffes. Elle est entourée de nuages, de Fong-hoangs, de chauves-souris, de différents emblèmes, parmi lesquels la gourde décorée de swasticas.

1646 — Devant de table en drap rouge, broché en soies de plusieurs couleurs et dont le décor représente, au milieu, un Shi-tze jouant avec une boule et portant un panier de fleurs sur son dos. Tout autour sont des Shi-tze plus petits, le lingot et le pinceau, le livre et l'épée, et des flammes.

LAMBREQUINS

1647 — Lambrequin formé de deux panneaux réunis constitués de six bandes de soie de diverses couleurs cousues l'une au-dessus de l'autre. Au-dessous de la dernière bande pendent douze rubans qui s'élargissent un peu à leur extrémité inférieure : six sont verts, six sont noirs et ces derniers sont brodés de fleurs. Les bandes du lambrequin sont également brodées et leur décor exécuté en soies multicolores, et en fils d'or cousus, consiste en fleurs, emblèmes, caractères chinois. Les caractères sont les mots « Fou », bonheur, et « Cheou » longévité. Les emblèmes sont la chauve-souris, l'écran, la pêche, le cédrat main de Fo (Bouddha), le lacet, les parasols, fermés et ouverts, le panier de fleurs, le papillon.

1648 — Deux lambrequins du même genre que le 1647, mais en représentant la moitié en largeur. Les six bandes horizontales alternativement bleues et blanches. Les six rubans qui pendent sont bleus pour les deux lambrequins. Quant au décor, il est le même et exécuté de même manière que celui du 1647.

1649 — Grand lambrequin fait de trois longues bandes de soie rouge, disposées en largeur et cousues l'une au-dessus de l'autre. Elles sont brochées de nuages et chacune d'elles est

décorée d'une inscription peinte en or. Ce lambrequin appartenait sans doute à quelque drapeau de bonheur étendu comme un velarium au-dessus d'un autel ou du siège d'un lama.

1650 — Lambrequin en gaze de soie noire, brodée en soie de fleurs, de papillons, d'emblèmes multicolores.

ORNEMENT DE PROCESSION

1651 — Ornement de procession formant une sorte de potence à laquelle devait être suspendu une bannière quelconque. Le manche est en bois, avec dans le haut un anneau de cuivre émaillé décoré des caractères « Cheou » longévité, et « Fou » bonheur, entourés de chauves-souris. L'axe de la potence et la potence elle-même sont en cuivre. Le premier qui se termine en forme de boule est décoré de nuages en bas-relief. La seconde formant une plaque épaisse de forme indéfinie est sculptée à jour et ciselée, et représente un Fong-hoang dans les nuages.

CHÂSSE PORTATIVE

1652 — Châsse portative de forme quadrangulaire, à quatre pieds posant sur un plateau, et à double toit aux angles relevés, le second toit plus petit que le premier et de forme octogonale. Sur trois faces, les panneaux de la châsse, divisés en compartiments, sont ouverts comme des fenêtres dans la partie supérieure. Les parties pleines sont décorées du caractère « Cheou » longévité en cercle et de chauves-souris entourées de rinceaux. Le quatrième panneau, à l'arrière est complètement sculpté de chauves-souris et de nuages entourant ce même caractère « Cheou » longévité en cercle. Quatre colonnettes soutiennent le premier toit et sont ornées de dragons qui les enlacent, et de nuages. A chaque angle du premier toit se dresse une tête de Fong-hoang, aux angles du second, ce sont des têtes de dragon.

La châsse est en bois verni rouge, les sculptures sont laquées or bruni et d'ailleurs très soigneusement exécutées.

OBJETS DIVERS

1653 — Stûpa.
Terre cuite (?).

1654 — Amulette représentant une monnaie et un lion.
Bronze.

1655 — Amulette représentant un petit personnage tenant un vase.
Cuivre repoussé.

1656 — Petit chapelet fait de perles rondes : dix-huit en bois brun sculpté et ajouré ; quatre plus grosses en pierre de lard teintée vert pâle. Gland en soie jaune. Pendant en forme d'anneau sculpté et ajouré, du même bois que les petites perles.

1657 — Deux ornements en bois, en forme de cédrat, main de Fo.

1658 — Divers socles de divinités formés d'un lotus posé sur un piédestal, et d'une gloire.
Le lotus et la gloire en bois doré, celle-ci sculptée et ajourée. Le piédestal en bois peint en rouge.

1659 — Divers objets provenant de divinités.
Socles, gloires, etc., en bois et en métal.

OBJETS DIVERS PROFANES

Tissus. — Grandes Tentures

1660 — Grande tenture en soie rouge, décorée de personnages, d'animaux, d'emblèmes brodés en soie de diverses couleurs. Les têtes des personnages sont rapportées. Elles sont faites de morceaux de soie de la forme et de la dimension voulues sur lesquels on a peint et modelé plus ou moins, les détails des visages. Au milieu, trois grands personnages représentant les trois bonheurs. Au fond, le Dieu des émoluments ; il tient un Jou-i. Derrière lui, une jeune femme tient un écran décoré d'un dragon. A droite, le Dieu de la nombreuse postérité ; il porte un enfant sur ses bras. A gauche, le Dieu de la longévité tenant d'une main une pêche, de l'autre, un long bâton auquel est suspendue la gourde. Devant lui : la grue et un enfant, ce dernier, assis sur un cerf, lui présente sur un plateau une coupe Tsio. Dans la bordure en haut : deux vieillards, un homme, une femme assis à l'intérieur d'un pavillon et ayant chacun derrière soi deux servantes debout. Un jeune homme agenouillé présente un objet. A droite et à gauche de la scène sont deux autres personnages qui semblent s'éloigner. A droite du pavillon, un nouveau personnage à cheval escorté de deux serviteurs, l'un tenant un parasol. A gauche, un groupe analogue au précédent, l'un des serviteurs tenant un grand écran. Tout à gauche de ces différentes scènes, un pêcher et des bambous, et, en pendant, un saule et de nouveau des bambous. Une inscription brodée après coup se traduit : « Fenn-yang shen » Fenn-yang esprit, et fait allusion à un grand homme d'Etat et général de la dynastie des Tang (618-907), appelé Kouo-tze-y, portant le titre honorifique de roi de Fenn-yang, qui est aussi célèbre par ses bienfaits et les honneurs mérités qu'il sut s'attirer que par sa très nombreuse famille dont tous les membres furent dans les honneurs. Sur les côtés sont représentés les Pa-siens (les huit Sien s,) les plus populaires, séparés par leurs emblèmes enrubannés et des chauves-souris, ce sont : à droite et de haut en bas : Li Tie-Koaï avec sa gourde; au-dessus, l'écran, puis Tsao Kouo-kieou ; le lingot, Han Siang-tze jouant de la flûte; le parasol, Ho Sien-kou tenant une sorte de corbeille ronde ; le livre roulé ouvert. A gauche, Tchong-li Kiuen tenant l'écran ; la gourde, Lou Tong-pin tenant un chasse-mouches; un vase, Tchang kouo tenant un instrument de musique ; un sabre sur lequel est une tablette au mot « wang » : roi. Lan Tsai-ho tenant le panier de fleurs sur son épaule; le kin. Enfin, en bas, sont quatre lions (Shi-tze) jouant.

1661 — TENTURE. Le caractère « Cheou », longévité, exécuté en fils d'or cousus et décoré de broderies de soies, de plusieurs couleurs rapporté sur un panneau en soie rouge. Il est entouré de cinq chauves-souris, également brodés en soie de plusieurs couleurs et également rapportés. Les traits du caractère sont décorés de différents Sien s : Si-wang-mou assise sur le Fong-hoang, sa servante tenant le grand écran de plumes. Lao-tze à longue barbe blanche assis sur un bœuf, tenant l'écran; devant lui, un enfant tient, au bout d'un long bâton, un rouleau attaché. Un autre vieillard debout, tenant le chasse-mouches et un objet oblong enveloppé; un personnage tenant un objet du même genre. Les trois bonheurs : le dieu du bonheur, celui de la longévité, celui de la nombreuse postérité. Un autre personnage tenant un objet enveloppé et un objet ressemblant à un chasse-mouches. D'autres personnages tiennent l'écran ou jonglent avec deux anneaux enlacés. Puis c'est : Li Tie-koaï, avec sa gourde; Tchang kouo, avec son instrument de musique; Han Siang-tse, jouant de la flûte; Lan Tsai-ho, avec sa corbeille à très long manche; Tsao Kouo-kieou, avec ses castagnettes; Ho Sien-kou, sur une crevette, tenant son panier de fleurs ; un crapaud, tenant la sapèque, une jeune femme assise sur un lion (Shi-tze). Dans le bas se voit un pavillon dans les nuages: c'est la demeure de Si-wang-mou; on voit encore un dauphin à tête de dragon.

1662 — GRANDE TENTURE de soie, décorée de trois personnages, entièrement brodés. Le principal, au milieu, est le Dieu des émoluments. Il tient de la main droite le sceptre et pose sa main gauche sous sa ceinture ; derrière lui une servante porte un grand écran, décoré d'un soleil et de chauves-souris. Devant lui un jeune homme lui présente à deux mains la coupe des sacrifices. (Tsio).

COSTUMES

Robes impériales

1663 — Robe de soie jaune impérial, au décor tissé or et soies de plusieurs couleurs. Le décor consiste, dans le bas en lignes obliques ondulées parallèles, surmontées d'une zone de nuages puis d'une zone de flots qui viennent se briser et retomber en volutes autour de groupes de rocher formant trois pics ; deux de même grandeur. Immédiatement au-dessus et dans les flots mêmes, des emblèmes : la monnaie, la perle ronde, la conque, la figure en forme de quadrilatère aux angles ornés d'une perle, la corne, la branche de corail, la bannière, le parasol, la roue. Le restant de la robe est décoré de dragons à cinq griffes, de la boule enflammée, de nuages et de nouveau des emblèmes : chauves-souris, poissons, entrelacs, fleurs de lotus, de chrysanthème, d'églantier, de rose ou de pivoine.
Bordure du col en soie noire également brochée.

1664 — Robe en soie de couleur « chaudron » passée, tissée or et soies de plusieurs couleurs. Décor analogue à celui de la robe précédente, et où se voit également le dragon impérial à cinq griffes. Dans le bas, sur les lignes ondulées sont des rinceaux à grosses fleurs de lotus. Parmi les emblèmes : l'éléphant portant un vase d'où émergent trois petites hallebardes ornées de pompons. Parmi les animaux, le cerf portant sur son dos la coupe Tsio, le singe tenant une pêche et semblant vouloir attraper un papillon.

1665-1666 — Grand manteau ouaté et gilet sans manche en

COLLECTION CHINOISE

soie jaune impérial broché jaune, décorée de deux dragons à cinq griffes en cercle, entre lesquels se trouve la boule enflammée (soleil ou foudre).

1667 — ROBE de gaze bleue, brodée or et soie de plusieurs couleurs. Décor analogue à celui de la robe du n° 1663 et où se voient également exécutés en fils d'or cousus, des dragons à cinq griffes. Dans le bas parmi les flots : de grosses fleurs de pivoines, les emblèmes, des poissons d'or, des ling-tche (champignon d'immortalité), des narcisses, etc. Autour des dragons : l'épée, la gourde et la béquille attachées ensemble, l'écran, le panier, la flûte et le chasse-mouches également attachés ensemble et les castagnettes. Puis des chauves-souris, des boules enflammées, des nuages.

1668 — SORTE DE MANTEAU sans manche, en soie noire décorée d'ornements en broderie, de diverses couleurs et en fils do r cousus. Décor analogue à celui des autres robes. Bandes parallèles, nuages, flots, groupe de rochers, emblèmes. Les dragons sont à cinq griffes. Ceux-ci, le double caractère « Hi », joie, certaines parties des autres emblèmes semés sur la robe sont exécutés en fils d'or cousus. Les emblèmes répandus sur la robe, sont en dehors des dragons, des boules enflammées du double « Hi » : la fleur de lotus, le panier fleuri, la conque, la roue, la bannière, la chauve-souris, le sceptre, la branche de corail, la corne, le swastica, la perle enflammée. Cette sorte de manteau fait partie du costume de la mariée en Chine.

Robes de soie brodées

1669 — ROBE en soie rouge-violacé, chargée d'ornements variés exécutés en fils d'or cousus, ou brodés en soie de plusieurs couleurs. De petites paillettes rondes en métal sont semées sur le fond du décor qui consiste en vases, coupes, jardinières de différentes formes contenant des fleurs, des fruits, une plume de paon, qui consiste encore en brûle-parfum, branches fleuries, plumes de paon et emblèmes, tels que la chauve-souris, la pierre sonore, le Jou-i, le champignon. Bordure en soie noire, ornée de rinceaux fleuris en fils d'or cousus.

1670 — Robe en soie verte brodée dans le bas et portant sur la poitrine et sur le dos un carré de soie noire, décoré en fils d'or cousus, de caractères chinois ornemanisés. Le décor du bas de la robe est analogue à celui des autres robes : les lignes parallèles, puis au-dessus, des nuages et des flots parmi lesquels se voient des emblèmes dont le swastica et de grosses fleurs de pivoine.

Robes en tissus dits « des Gobelins »

1671 — Robe soie bleu marine, doublée de soie bleu clair brochée. Elle est décorée dans le tissu lui-même (genre Gobelins), au moyen de soies de diverses couleurs, de différents motifs dont les détails sont peints ou teints après coup. Dans le bas ce sont des lignes obliques parallèles au-dessus desquelles est une zone de flots d'où émergent des groupes de rochers. Dans les flots se voient des dauphins à têtes de dragons, la boule enflammée et différents emblèmes : le sceptre, la branche de corail, le livre roulé, la figure faite de deux quadrilatères rentrant l'un dans l'autre (Fang-Sheng) et dont les angles sont ornés de perles, celle faite de deux monnaies disposées de même manière, la corne. Sur le reste de la robe, ce sont de grands médaillons décorés de fleurs et de chauves-souris entourant un vase.

1672 — Robe en soie verte, doublée de soie rose décorée, par le même procédé que le n° 1671, d'un semis de branches fleuries, de paniers de fleurs enrubannés, et de papillons. Bordures de bandes de soies blanche et violette brodées.

1673 — Robe soie verte, genre Gobelins. Décor papillons et

branches fleuries en semis multicolores. Les bordures du col, des manches, des fentes latérales sont en soie noire décorée de la même manière que la robe.

1674 — Robe soie verte, couleur poudre de thé. Genre Gobelins. Décorée de branches fleuries en semis. Les bordures, en soie blanche, sont brodées de papillons et de fleurs. Galon d'or, brodé violet, où se voit le caractère « Cheou » longévité.

1675 — Sorte de manteau sans manche. Soie violette très foncée. Genre Gobelins. Décor : branches de prunier fleuries, tiges de bambous et papillons en semis. Galons de soie et d'or brodés. Bordures soie noire et décor de fleurettes et de grues.

Robes de gaze

1676 — Robe en gaze de soie rouge, brodée de soies de plusieurs couleurs. Dans le bas sont : le décor formé de lignes parallèles, des nuages, des flots, des emblèmes, des rochers. Au-dessus, grands médaillons ronds à fleurs, parmi lesquelles des emblèmes : écran, bannière, gourde, panier fleuri. Les manches sont en canevas de soie noire à broderies analogues à celles de la robe, et à galons de fils d'or cousus ou brochés or.

1677 — Robe en gaze rouge brodée de plusieurs couleurs. Décor analogue à celui de la robe précédente. Parmi les emblèmes qui émergent des flots se voient des paniers portant trois petites lances ou des cédrats mains de Fo (bouddha), puis des entrelacs, des perles enflammées, etc. Le centre des médaillons est occupé par deux papillons, et autour ce sont des melons, le panier fleuri, l'écran, le pi-tong avec le sceptre, les castagnettes. Les manches sont en canevas de soie noire à broderies du même genre que celles de la robe et à galons de fils d'or cousus ou brochés or.

Robes à tissage de papier

1678 — ROBE en soie violette, tissée de papier doré et de soies multicolores et brochée. Dans le bas, elle est décorée de bandes obliques, au-dessus desquelles sont des nuages, puis des flots qui viennent se briser et retombent en volutes, autour de groupes de rochers, affectant la forme de trois pics : un grand entre deux petits. Ici et là, immédiatement au-dessus des flots, et enrubannés, des swasticas, des branches de corail, des livres roulés. Sur la robe elle-même, des dragons à quatre griffes, des boules enflammées, des nuages.

1679 — ROBE soie bleue, tissée de papier doré et de soies multicolores. Décor analogue à celui de la robe n° 1678. Les dragons sont également à quatre griffes.

Jupe

1680 — JUPE en soie verte, à parements violets et à broderies roses et bleues, représentant des fleurs et une chauve-souris.

Vestes

1681 — VESTE soie bleue, brodée de fleurettes, de papillons en semis exécutés en soies blanche, verte, noire. Col, bordures en soie blanche, et galons d'or brodés.

1682 — VESTE soie blanche, brodée en soies verte, bleue, noire, de fleurettes et de papillons en semis. Col et bordures en soie violette brodée fleurs et papillons, comme la veste. Galon d'or brodé.

1683 — VESTON sans manche, en coton bordé de velours, décoré d'une inscription en caractères chinois découpés dans du velours.

1684 — Petit veston en soie jaune brochée jaune. Décor de nuages.

Gilets

1685 — Gilet sans manche. Molleton rouge bordé de velours noir, décoré de caractères chinois en velours noir découpé et cousu.

1686 — Gilet de soi bleu foncée, brodé de soies de plusieurs couleurs, décoré de fleurs disposées en cercle, de branches de bambous, de cornes enrubannées. Bordures en soie blanche brodée de fleurs bleues et à enroulements en fils d'or cousus. Galon d'or brodé.

1687 — Gilet sans manche. Soie violette, bordure soie noire. Genre Gobelins. Décor polychrome : oiseaux, demoiselles, fleurs diverses en semis. Galons variés : en or brodé de divers ornements; en soie noire à swasticas et à bâtons rompus brodés or.

Devant de jambes

1688 — Devant de jambes allant avec le gilet 1685.

1689 — Devant de jambes en coton violet bordé de velours noir.

Pantalons

1690 à 1693 — Quatre pantalons de femmes en soie brochée et brodée de plusieurs couleurs. L'un fond jaune, broderies : papillons et fleurs. Le second fond blanc, broderies : papillons. Le troisième fond vert, broderies de fleurs, vases de fleurs, instruments de musique, Jou-i (sceptre). Le quatrième fond bleu, semis de fleurs et de papillons.

Robes de théâtre

1694 — ROBE DE THÉÂTRE. Soie grenat décorée en fils d'or cousus de dragons à quatre griffes, de quadrupèdes ressemblant à des loups, d'oiseaux, de chauves-souris, de fleurs, d'enroulements, de grecques, d'entrelacs, etc. Des plaques de métal blanc rondes, de diverses dimensions, et simulant des miroirs, ornent les différentes parties du costume et les bordures.

1695 — ROBE DE THÉÂTRE en soie blanche au décor, en partie brodé de soies de plusieurs couleurs, en partie exécuté en fils d'or cousus. Le décor est divisé en panneaux par de très étroits galons nattés de deux couleurs rouge et bleu, rouge et blanc, blanc et bleu, etc. Ce décor consiste en dragons, Shi-tze (lions ornemanisés), perles enflammées, rinceaux à fleurs, mosaïque de cercles divisés, etc. Une ceinture est simulée en soie rouge, elle est ornée de petits carrés de soie verte, rembourrés, imitant boucles et plaques. Elle se continue sur un plastron également rembouré où elle a les mêmes ornements.

1696 — ROBE DE THÉÂTRE analogue aux précédentes, en soie rouge passé, au décor exécuté en fils d'or cousus et en broderies. De chaque côté, les pans sont reliés par une bande de soie bleue brodée de fleurs et de chauves-souris en soie de diverses couleurs.

Panneaux de vêtements

1697 — PARTIE DE VÊTEMENT.

1698 — DEUX PANNEAUX de soie capitonnés, moitié blanc, moitié bleu, ce dernier seulement brodé d'ornements multicolores. Dans le bas, des flots, au milieu le signe « Fou » bonheur; autour des chauves-souris et des nuages.

Coiffures

1699 — Calotte de soie jaune, à revers noir. Bouton en étoffe.

Carrés d'étoffe aux insignes du rang

1700 — Carré brodé de vêtement officiel, décoré d'une chimère (Shi-tze) entourée de flammes, du soleil, de nuages, et des huit emblèmes taoïques. Le Shi-tze correspond au deuxième rang de la hiérarchie militaire.

1701 — Le même que 1700.

1702 — Deux carrés de vêtement en soie. Genre Gobelins, décor sur fond de bâtons rompus dorés. Un canard posé sur un rocher, battu par les flots, des nuages, le soleil, des chauves-souris, des narcisses, le champignon d'immortalité. L'emblème représentant le canard sur un rocher appartient au septième rang dans la hiérarchie civile.

1703-1704 — Paire de carrés de soie encadrés, décorés sur fond, de fils de métal vert cousus, formant mousse, du Kiai-tze, debout sur un rocher battu par les flots et entouré de champignons, de fleurs, de nuages, de chauves-souris et de pêches. Au-dessus de l'animal, le disque du soleil. Le Kiai-tze est l'insigne du deuxième rang militaire.

Parements de vêtements

1705 — Longue bande de soie jaune passé, encadrée de soie bleu foncé. La bande de soie jaune est décorée d'un dragon à cinq griffes, de nuages, du joyau enflammé, exécutés en soies bleue, verte, jaune, blanche, rose-carmin, et en papier doré. La bordure, tissée de ce même papier, est ornée de fleurons de lotus.

1706-1707 — Deux larges bandes. Canevas de soie blanche, brodées de papillons, de gourdes, de fleurs.

1708 à 1710 — Trois bandes de soie. Bleu clair, bleu foncé, noir. Décor fleurs, fruits, papillons, faits en fils d'or cousus et en morceaux de soie de couleurs, rapportés et peints.

1711 — Bande de soie fond jaune, décor brodé de plusieurs couleurs : oies, grue, oiseaux de paradis, lotus, canards mandarins.

1712 — Bande de soie blanche, décorée de branches fleuries exécutées en fil d'or de différents tons et d'argent cousus avec des fils de couleurs rose, rouge, vert, violet.

1713 — Rond de soie fond bleu, à broderies multicolores, représentant des fleurs, des chauves-souris, la grenade, la pêche, le cédrat main de Fo, les huit emblèmes taoïques.

1714 — Bande de soie blanche, décorée par la teinture de papillons et de branches fleuries, de narcisses et de camélias.

1715 — Bande de soie jaune et rouge brodée de dragons à cinq griffes et de nuages.

1716 — Bande de drap rouge, brodé bleu foncé, bleu clair et blanc de rinceaux à fleurons de lotus.

1717 à 1723 — Larges parements de manche en soie, brodés de plusieurs couleurs genre Gobelins, pour les n°ˢ 1717 à 1722 ; un décor complété par la peinture, pour le n° 1723.

1724 — Bande de soie blanche (garniture de manche), genre Gobelins. Décor paysage.

1725 à 1742 — Dix-huit parements de manche en soie, brodés de diverses couleurs.

1743 — Rond d'étoffe en soie fond bleu, monté en pochette et à décor très joliment brodé de plusieurs couleurs, représentant, au centre, un panier de fleurs suspendu, et de chaque côté, des pendeloques, des perles, des dragons, des emblèmes de bonheur.

1744 — Ronds de soie bleu très foncé, décorés d'une fleur de pivoine et des huit emblèmes taoïques.

1745 — Rond de soie bleu foncé, à décor brodé de plusieurs couleurs, fleurs diverses.

1746-1747 — Deux ronds de soie noire, brodés de fleurs et des huit emblèmes.

Bannière

1748 — Bannière de forme triangulaire festonnée, en drap rouge et à broderies de soies bleue et blanche. Au milieu le dragon à quatre griffes, la boule enflammée, une fleur, des ondes. En bordure quelques flammes.

Panneaux et morceaux d'étoffe

1749 — Panneau de soie blanche, brodé de plusieurs couleurs. Paons, autres oiseaux, fleurs, rochers.

1750 — Panneau de soie blanche. Broderie polychrome. Cerfs, grues, chauves-souris, pin, pêcher.

1751 — Deux panneaux, soie blanche, décorés d'un semis de papillons multicolores brodés.

1752 — Panneau de soie bleue, broderies analogues.

1753 à 1757 — Cinq morceaux de soie blanche, brodés de fleurs, d'oiseaux, de bambous, de pêchers, de rochers, de papillons.

1758 — Deux morceaux en soie noire brochée, décorés de bandes d'ornements constitués par des dragons enroulés, qui alternent avec des figures formées de trois ornements en forme de cœur, superposés, supportés par des nuages formant socle.

1759 — Morceau de soie rouge-passé, brodé en plusieurs couleurs de poissons, chauves-souris, dragons, et nuages.
Très fatigué.

1760 — Carré de soie rouge, broché et peint en or, décoré du dragon à cinq griffes tenant la perle précieuse, et de nuages.

1761 — Morceau de soie bleue, décor brodé de diverses couleurs Pivoine, papillons, fruits.

1762 — Petit morceau de soie rouge, à décor brodé polychrome : Fleurs et emblèmes taoïques.

1763 — Carré de soie jaune, brochée or, décoré au milieu de deux dragons à cinq griffes dans les nuages, et entre lesquels est représenté le joyau enflammé. Aux angles, des fleurs. Encadrement de rinceaux.

1764 — Morceau de soie peinte, représentant différentes scènes de famille.

1765 — Morceau de soie décoré de flots, nuages, chauves-souris et d'un dragon dont on ne voit qu'une partie.

1766-1767 — Morceaux de soie de forme triangulaire, genre Gobelins ; décor : flots, ornements bleus, blancs, rouges, verts, de tons passés.

1768 — Ceinture soie rouge brochée.

1769 — Morceau de drap brodé bleu, le décor représentant des rinceaux à fleurs de pivoine, des chauves-souris.

COLLECTION CHINOISE

1770-1771 — Deux pendants de lambrequin en soie verte, décor brodé polychrome : chauves-souris, fleurs, gourdes, papillons, swasticas.

Tapis

1772 — Tapis à fond rouge violacé, décoré d'ornements variés en semis et de différentes couleurs. La bordure ornée de séries de lignes parallèles jaunes, rouges, vertes, roses, bleues, noires.

1773 — Grand tapis à fond jaune, décoré dans l'espace réservé par la bordure de dragons à cinq griffes, de la boule enflammée et de nuages. La bordure est décorée de bâtons rompus, semés à distances régulières de cercles au caractère « Cheou » longévité, et de chauves-souris.

1774 — Grand tapis à fond jaune dont le décor central formé de Shi-tze, de rinceaux à larges fleurons distribués symétriquement, est encadré d'une double bordure entre trois lignes de points.

Couverture de Parasol

1775 — Dessus de parasol rond fait de plumes de paon reliées au centre par un rond de soie fond bleu foncé, brodé en soies multicolores, de fleurs, de fruits, de chauves-souris et des huit emblèmes.

Mobilier

Colonnes, Encadrements de Porte, Panneaux

1776 — Deux grandes colonnes en bois sculpté et doré.

1777 — Encadrement de porte en bois naturel sculpté et ajouré, et dont l'ornementation consiste en arbres et plantes enchevêtrant leurs branches, leurs feuillages, leurs fleurs et parmi lesquels volent ou se reposent des grues peintes, le corps en blanc, la queue en noir, les pattes et le bec en vert. Dans le bas, de chaque côté, et également parmi le feuillage, un daim. Les arbres sont des pins, parmi les autres plantes sont des bambous et des pivoines.

1778 — Encadrement de porte du même genre que le précédent, dont le décor est principalement formé par un prunier en fleurs.

1779 — Grand panneau portant une inscription à quatre caractères et un cachet impérial et dont le cadre est décoré de dragons sculptés à cinq griffes. L'inscription veut dire : « D'or est la cruche (appelée P'ou,) et de jade sont les tubes musicaux. » Le cachet : « Joyau qui est un pinceau impérial de l'empereur Kang-hi (1661-1723). » (C'est-à-dire que ce tableau reproduit, en fac-similé, une inscription tracée par l'empereur Kang-hi) (1)

1780-1781 — Deux panneaux laqués fond or, décorés en laque d'or d'un autre ton et en léger relief de dragons à cinq griffes parmi les nuages. Au milieu de chacun d'eux se lit une inscription chinoise en laque noire et formant relief. Le n° 1780 porte de plus deux cachets quadrangulaires en laque rouge également en relief. Le n° 1781 n'a qu'un de ces cachets qui est ovale. L'un des cachets du n° 1780 est au nom de l'empereur Yong-tching (1723-1736).

1782-1783 — Panneaux encadrés décorés de caractères en bois découpé rapportés sur un fond d'entrelacs très réguliers, soigneusement ajourés.

1784 — Grand panneau encadré en laque brune, décoré en laque brune et or de dragons parmi les nuages, de la perle enflam-

(1) Traduction et explications de M. Pelliot.

mée, et portant une inscription gravée et sculptée et un cachet. Le cadre est décoré de dragons en nacre incrustée et du signe « Cheou » en cercle entre deux chauves-souris parmi des nuages.

Les chauves-souris sont en ivoire.

1785 — Panneaux encadrés dont le décor en bas-relief exécuté en bois, pierre de lard, ivoire teinté et autres matières représente, sur l'un, un pic de rochers et des pivoines, sur l'autre, un magnolia, un cerisier ? des fleurs et des rochers.

1786 — Panneau représentant un paysage qui traverse une route sur laquelle défilent différents personnages. Le premier est un homme à longues moustaches et à longue barbiche, assis sur une chèvre et tenant un bâton. Le second, une femme tenant un enfant et assise sur un bœuf. La troisième, une jeune femme portant un paquet sur son dos et tenant un écran. Le quatrième, un enfant portant un long bâton sur son épaule et aux extrémités duquel sont suspendus des livres reliés dans un étui et un ballot. Le cinquième et dernier est un jeune homme poussant une sorte de fauteuil à deux roues sur lequel se voit un vase portant une branche de corail, un kin, instrument de musique enveloppé et un autre objet.

Le paysage est exécuté en plumes de martin-pêcheur bleues et violettes et en plumes rouges. La route est en laine verte. Les personnages en ivoire peint et doré. Les animaux en carton ? recouvert de poils.

1787-1788 — Deux panneaux ornés en relief de tiges, feuilles et grappes de raisin.

Bois de pierre de lard

Meubles et objets mobiliers

1789 — Deux tables quadrangulaires en bois de fer sculpté imitant le bambou

1790 — Toilette en forme de paravent, à cinq feuilles de hauteurs différentes, élevé sur un socle quadrangulaire dans lequel sont ménagés des tiroirs. Les feuilles du paravent sont disposées, la plus grande en arrière, les autres diminuant successivement de hauteur se faisant en pendant. Sur le devant de la plus grande s'appuie une sorte de chevalet haut courbé d'avant en arrière, sur lequel repose un miroir métallique.

Meuble en bois de fer sculpté et ajouré, décoré de dragons de fleurs, d'oiseaux, de personnages.

1791 — Deux meubles à deux corps, décorés d'incrustations d'ivoire.

1792 — Écran en bois de fer incrusté de nacre et à panneau de soie blanche brodée de soies de différentes couleurs; grise, noire, blanche, rose. Les incrustations représentent des rinceaux fleuris, des personnages divers, les uns sur des animaux, les autres sur des nuages, l'un d'eux est dans une conque, parmi eux se reconnaissent les huit Sien s. La broderie représente des béliers, des rochers, des arbres, différents oiseaux, et le disque solaire.

1793 — Étagère quadrangulaire à trois tablettes, avec frises et côtés en bois sculpté et ajouré.

Bois de fer.

1794 — Étagère bois de fer à trois tablettes. La même que le n° 1793.

1795 — Cinq fauteuils bois de fer sculpté, incrusté de nacre et à plaques de marbre sur le siège et sur le dossier.

1796 — Petit fauteuil à dossier et côtés droits, décorés intérieurement d'une mosaïque sculptée et dorée faite d'hexagones et de carrés inscrivant des fleurons. Une frise dorée étroite se voit au-dessous du siège. Le reste du petit meuble est peint en rouge.

Bois.

1797 — Pagode hexagonale à sept étages en ivoire, sur socle en bois de fer.

1798 — Tube sans fond écorce (?) ajourée.

1799 — Pitong écorce (?) ajourée.

1800 — Gourde formant boîte et renfermant une série de vingt sept coupes et soucoupes de différentes grandeurs, quatre petits plateaux et cinq cuillères à libation.
Bois laqué.

1801 — Plateau bois de fer incrusté de nacre. Décoré au milieu de courges et de papillons. Sur le contour, des scènes diverses à personnages.

1802 — Boîte en étain, de forme quadrangulaire et à couvercle bombé, surmonté d'un bouton en forme de pêche. Décor gravé sur les côtés : fleurs, oiseaux, papillons ; sur le couvercle, quatre caractères et les huit Sien s. L'inscription se lit : « Puissiez-vous assister aux audiences impériales comme « fonctionnaire du premier rang. »

1803 — Coffret quadrangulaire. Bois de fer, incrusté de nacre, décoré de fleurons, de rinceaux et de grecques.

1804 — Socle. Bois de fer. Frise ajourée au caractère « Cheou » longévité.

1805 — Socle. Bois de fer, à tablettes en porcelaine, décoré de fleurs et d'un oiseau en émaux polychromes.

1806 — Socle bas, quadrangulaire. Bois de fer sculpté.

Lanternes

1807 — Lanterne dont la partie vitrée, en forme de pêche, repose sur un pied sculpté, imitant l'eau qui jaillit et retombe en volutes. Ce pied est lui-même supporté par un socle en bois de fer sculpté de forme quadrangulaire, à angles abattus, orné tout autour d'une petite galerie découpée à jour. Le fronton de la lanterne est formé de deux branches de pêcher portant une pêche et surmontées d'une chauve-souris. Les côtés sont sculptés et ajourés, le décor représentant des branches de pêcher enlacées avec fleurs et fruits. Les verres de la lanterne sont décorés en peinture, au milieu, du caractère Fou (Bonheur), tout autour d'une suite de chauves-souris et de fleurons entre deux branches de feuillages.

1808 — Deux lanternes carrées. Suspendues chacune à une potence fixée dans un pied en forme de gourde, maintenu par trois consoles. La crosse de la potence, les extrémités des trois consoles sont en forme de tête de sceptre, Jou-i. Les verres de la lanterne sont remplacés par de panneaux de soie peinte, dont le décor consiste en oiseaux et fleurs. La lanterne est surmontée d'un petit dais carré, à lambrequin de soie, de proportion convenable, orné de glands. Un lambrequin analogue pend au-dessous de la lanterne. Le lambrequin du haut est décoré sur chaque panneau: au milieu, d'une gourde et d'un écran; autour, de la chauve-souris, du sceptre, de la pierre sonore, du swástika. Le lambrequin du bas est décoré d'un fleuron de lotus au milieu de rinceaux fleuris.

Le pied et la potence sont en bois laqué, à décor doré ou argenté. La partie du pied, en forme de gourde, est ajourée.

1809 — Deux grandes lanternes hexagonales à vitres décorées en réserve, sur fond dépoli, d'étagères surmontées de vases contenant des fleurs et différents objets; de brûle-parfum, de fruits, etc. A chaque angle, terminé par une tête de dragon, sont suspendues des pendeloques de différentes formes, faites en cuivre émaillé et auxquelles sont attachés des glands.

1810-1811 — Deux lanternes de forme quadrangulaire, sur pied, bois de fer sculpté, trois vitres manquent; celles qui restent sont décorées de branches fleuries, peintes de diverses couleurs.

COLLECTION CHINOISE

1812-1813 — Deux lanternes hexagonales. Bois de fer sculpté et ajouré. Les vitres sont décorées par la peinture de branches fleuries.

1814-1815 — Deux grandes lanternes rondes. Papier, portant des inscriptions rouges.

Laques

1816 — Petite jardinière en laque dite de Pékin, rouge et verte, de forme oblongue à pans coupés. Elle est décorée de grecques réservant sur chacun des grands panneaux un médaillon oblong, sur chacun des petits, un médaillon carré, dans lesquels se voient sur fond quadrillé vert, un vase à eau, un vase avec des branches de cerisier, un damier, des boîtes à dés, des brûle-parfum, une règle, des papiers roulés attachés, une coupe de cédrats, un vase avec des feuilles de narcisse, une boîte, un pitong avec des pinceaux, la pierre à l'encre, un plateau avec des petits rochers, un livre déroulé, une corbeille de lotus, des boîtes à cachets.

1817 — Grande boîte en forme de gourde, en laque rouge dite de Pékin, gravée d'une mosaïque d'hexagones et ornée en relief de feuillages et de gourdes en bois peint et pierre de lard.

1818 — Boite quadrangulaire en laque rouge, décorée sur les côtés de grecques et de bâtons rompus gravés ; sur le couvercle, de feuilles de palmier et d'un oiseau, en haut-relief; puis d'une feuille de palmier, d'une branche de bambou, d'un coin de natte gravés.

1819 — Boite ronde et plate décorée de rinceaux en bas-relief).

1820 — Les deux poissons en laque rouge dite de Pékin, sur un petit support en bois de fer simulant des nuages.

1821 — Couvercle de boite en laque de Pékin, décorée de nuages, d'oiseaux, de rinceaux, d'une branche de pêcher.

Métaux. — Tambours en bronze

1822 — Tambour en bronze à quatre anses, décoré sur la partie frappée d'une étoile et de bandeaux concentriques, ornés diversement, généralement de têtes de clous. Ce dernier décor se retrouve sur l'épaulement du tambour. A la partie inférieure : bordure de dents de loup tombant d'une étroite frise de nuages. Les anses sont décorées de vases d'où semblent sortir des enroulements de nuages. Tout le décor, surtout sur la partie qui a été frappée, est très peu visible par suite de l'usure.

N° 1828. Tambour de bronze

1823 — Tambour en bronze à quatre anses, orné sur la partie frappée d'une étoile entourée de zones concentriques à décors variés. Entre chaque rayon et dans la seconde zone à partir du centre sont des petits groupes de nuages. Sur la première zone : un ornement géométrique se répétant et rappelant un ancien caractère d'écriture chinois. Viennent ensuite du centre à la périphérie une zone de têtes de clous ; une zone décorée de quatre dragons, de deux inscriptions sous forme de cachet, et de deux autres inscriptions ; une zone d'enroulements représentant des nuages ; une zone de têtes de clous ; une zone d'ornements ondulés simulant des flots ou peut-être encore des nuages. Sur la panse, le décor est également disposé par zones concentriques : d'abord une grecque bordée de têtes de clous espacées, puis des nuages, puis une grecque et des nuages. Ensuite un large espace sans décor ; puis jusqu'à la base du tambour : une grecque, des nuages, des flots, ou nuages, des dents de loup. Les anses sont décorées du swastica.

1824 — Tambour. Bronze. Décoré sur la partie frappée : au

centre, d'une étoile, puis de zones concentriques diversement ornées. Les premières zones sont décorées de même manière que les premières zones du n° 1823. Puis viennent : une zone d'ornements représentant, très stylisées, des grues qui volent ; une zone sans décor, une zone de cannelures, une zone de têtes de clous. Sur la panse : une zone d'enroulements au carré, la grecque chinoise, bordée de têtes de clous ; une zone de double spires (nuages); trois zones d'enroulement au carré (grecque), une zone de cannelures; puis un espace non décoré et ensuite jusqu'à la base : des doubles spires avec d'autres figures courbes au-dessus ; des enroulements au carré ; le même ornement que le premier de cette seconde série ; des enroulements au carré ; enfin des dents de loup. Les anses, dont les bords imitent le natté, sont décorées d'enroulements au carré.

1825 — Tambour bronze à quatre anses. La partie frappée décorée au centre d'une étoile, puis de zones concentriques dont les ornements sont les mêmes que ceux des zones du n° 1822. Le décor de la panse et des anses est également le même que celui qui se voit aux mêmes endroits sur ce même tambour.

Marteaux et garnitures de porte

1826 — Deux marteaux de porte en forme de mufles de lion tenant un anneau décoré du dragon à cinq griffes.
Bronze.

1827 — La garniture de cette porte en métal repoussé.

Petits objets

1828 — Peson (?) représentant un quadrupède à tête humaine ayant une corne recourbée en arrière.
Très vieil objet en fer.

1829 — Plaque en métal portant une inscription et des cachets en caractères chinois.

1830 — Vingt-une boîtes en étain, de formes variées : rondes, carrées, ovales, en forme d'éventail, en forme de pêche et ornées par la gravure, de personnages, de fleurs, d'inscriptions.

1831 — Deux brule-parfum en étain, décorés par la gravure d'inscriptions et de fleurs.

Cuivre cloisonné

1832 — Paire de grands vases fond jaune, décorés deux fois, sur la panse de deux dragons à cinq griffes, au-dessus des flots, entourés de nuages et de flammes, et se regardant, séparés par la boule enflammée. Sur l'épaulement et sur un bandeau à fond bleu, deux fois répétés : le cerf, le Shi-tze et un autre animal fantastique. Au-dessus, deux dragons ; au-dessus encore et en bordure des dents de loup. Autour du pied, les neuf chevaux de l'empereur Mou-wang.

1833 — Plateau en cuivre cloisonné, décoré au milieu de deux dragons jaunes à cinq griffes, au milieu de nuages multicolores. Autour, dans des médaillons séparés par des fleurettes, des papillons, des chauves-souris, des Fong-hoangs, des lacets.

1834 — Deux boîtes cylindriques. Cuivre cloisonné, fond bleu. Elles sont décorées sur le couvercle du dragon à cinq griffes. Sur les côtés, des huit emblèmes taoïstes.

1835 — Deux tasses cuivre cloisonné, fond bleu, décorées du dragon jaune à cinq griffes.

1836 — Brule-parfum à trois pieds, deux anses et à couvercle en cuivre doré, décoré d'émaux incrustés. Les trois pieds sont à tête de Shi-tze. Les anses sont en forme de grecque,

COLLECTION CHINOISE 123

terminées en crosse de Jou-i. Le couvercle ajouré de nuages, est surmonté d'un haut bouton, représentant un dragon dans les nuages et tenant la boule. L'épaulement porte des godrons relevés d'émaux ; le bord du col est décoré d'une grecque émaillée. Le reste du décor émaillé, sur la panse, la gorge, le couvercle du brûle-parfum, consiste en rinceaux et enroulements avec ou sans fleurons. Les émaux sont bleu turquoise, bleu foncé, blanc, rouge, jaune. Sous le brûle-parfum, un cachet aux caractères « Khien-long nien-tchi », (fait sous l'empereur Khien-long, 1736-1796).

1837 — PETITE JARDINIÈRE lobée, sur quatre pieds en cuivre doré, décorée d'émaux champlevés bleu turquoise, bleu foncé, rose, blanc, formant des rinceaux à fleurons de lotus. A l'intérieur, décor analogue, en bas-reliefs non émaillés. Pied en bois de fer.

1838 — VASE. Cuivre cloisonné, complètement émaillé noir, et dont les cloisons dessinent des rinceaux à fleurons de lotus.

1839 — PETIT VASE. Cuivre cloisonné à fond noir, décoré de rinceaux fleuris et émaux polychromes.

1840 — VASE. Cuivre cloisonné, à décor polychrome de rinceaux à fleurons de lotus. Pied en bois de fer.

1841-1842 — DEUX BOITES forme ovale et étroite. Métal blanc cloisonné. L'une à fond bleu, l'autre à fond noir. Décors, objets divers : vases, porte pinceaux, brûle-parfums, boîtes, etc.

1843 — BOITE CYLINDRIQUE. Métal blanc, cloisonné, fond bleu à décor de fleurs. Dessous une chauve-souris.

1844 — PETIT TUBE. Cuivre cloisonné, fond bleu à fleurs polychromes.

1845-1846 — DEUX RONDS DE SERVIETTE. Émail cloisonné. Fond bleu clair, décor fleurons de lotus; le n° 1845, fond bleu plus foncé, à décor de fleurettes entre deux bordures de raies de cœur.

1847 — Plaques cuivre cloisonné, qui garnissaient probablement un coffre. Décor : deux fleurons de lotus et fleurettes polychromes sur fond bleu.

1848 — Anse de brule-parfum. Cuivre cloisonné. Décor fleurs et feuillages sur fond bleu.

Cuivre émaillé

1849 — Plateau rond au rebord dressé, et à quatre petits pieds en cuivre émaillé, fond jaune à décor, polychrome. Le décor à l'intérieur et au milieu du fond, est formé par le caractère « Cheou » longévité, écrit en cercle et entouré de cinq chauves-souris. Le reste du décor intérieur et extérieur consiste en fleurs, feuillages, fruits de gourde, parmi des rinceaux. Le dessous du plateau est émaillé rose.

1850-1851 — Deux jardinières oblongues quadrangulaires aux angles abattus et à quatre pieds en cuivre émaillé, fond jaune à décor polychrome. Sur chacun des panneaux, figure un médaillon qui est ovale et décoré d'un paysage sur les grands côtés ; de forme ronde et décoré de fleurs sur les petits. Le reste du décor consiste en rinceaux, fleurettes, feuillages et gourdes. L'intérieur des jardinières est émaillé rose, le dessus blanc. Pied en bois de fer.

1852 — Coupe a pied. Elevé en cuivre émaillé, fond jaune, décor analogue à celui des pièces précédentes.

Parures et objets à l'usage des personnes

1853 — Parure en métal blanc à ornements en filigramme, enrichie de pierreries et à pendeloques faites de différentes matières colorées : corail, verre, pierre. Elle se compose d'une sorte de colerette aux bords festonnés, à laquelle sont attachées trois plaques, deux petites et une grande, en forme de bouclier, et deux longues pendeloques où se voient entr'autres ornements la chauve-souris, le papillon, un panier rempli d'objets précieux.

1854 — Deux plaques assez larges et trilobées, et quatre plaques étroites et longues, qui se terminent d'un côté en forme de cœur, sont de même métal et sont ornées de même manière que celles de la parure 1853 qu'elles doivent compléter. Chacune des six plaques est doublée d'une plaque de cuivre de même forme qu'elles, auxquelles elles sont fixées par des chevilles de bois passant dans de petits cylindres soudés à leurs extrémités et dans le même prolongement.

1855 — Grand collier de perles de corail auquel sont suspendues deux plaques rondes, cinq plaques oblongues de différentes dimensions, munies de pendeloques, et deux séries des huit emblèmes taoïques : la conque, la bannière, le parasol, les entrelacs, le vase, les poissons, la roue, la fleur de lotus. L'une des plaques, ronde ajourée, est décorée au centre des deux virgules qui représentent les éléments mâle et femelle. Plaques et emblèmes sont en métal blanc, enrichi de pierreries de différentes couleurs et, particulièrement les plaques oblongues, d'ornements en filigramme.

1856 à 1861 — Parures de cheveux en métal blanc estampé ou en filigramme, émaillé bleu de deux tons. Le n° 1856, épingle en forme de longue coquille. Le n° 1857, épingle à tête plate, et petite bande de métal plus étroite au milieu qu'aux deux extrémités. Les n°s 1858 et 1859, deux plaques représentant l'une un poisson, l'autre une fleur. Le n° 1860, épingle à tête de dragon. Le n° 1861, épingle où se voient différents emblèmes.

1862 — Bracelet fait d'une bande de métal blanc souple et fermé par un bouton. Décor repoussé et ciselé, représentant des rinceaux et des guerriers combattant, les uns à pied, les autres à cheval.

1863 à 1867 — Dix petits objets de parure en forme d'arc, avec épingles. Deux séries de deux épingles et de deux arcs en métal doré. Une série d'un arc et d'une épingle en métal blanc. Sauf une de ces séries en métal doré, les autres sont ornées de ciselures.

1868 — Deux petites plaques. Parure en forme de papillon, en métal estampé et émaillé bleu de deux tons.

1869 à 1873 — Cinq épingles de coiffure longues et étroites, en métal doré ou en métal blanc, plus ou moins ciselées.

1874 — Six bandes et épingles de coiffure en métal estampé, et décorées d'emblèmes ou du signe « Fou » bonheur.

1875 — Bande de coiffure. Métal fondu.

1876-1877 — Deux bagues. Métal blanc. L'une ornée d'une pierre(?) et de deux perles. L'autre au chaton portant les caractères « Fou » bonheur et « Cheou » longévité.

1878 — Deux bagues. Métal blanc estampé.

1879 — Deux bagues. Métal blanc estampé et émaillé bleu de deux tons.

1880 — Paire de boucles d'oreilles. Verre et métal doré.

1881 à 1886 — Six paires de boucles d'oreilles de différentes formes, en métal blanc estampé et filigramme émaillé bleu de deux tons.

1887 — Paire de boucles d'oreilles. Métal doré estampé.

1888 — Paire de boucles d'oreilles. Métal blanc estampé.

1889 — Deux ornements de parure. Forme de fleurs de lotus. Filigramme doré.

1890 — Deux épingles. Cuivre.

Boutons de mandarins et Pommes de cannes

1891 — Bouton de mandarin. Tout en métal doré et formé d'une boule reposant sur une sorte de couronne de forme sphérique surbaissée et surmontée de petites flammes disposées en deux séries concentriques. La boule est ornée d'une perle de verre. La couronne est décorée à la base du caractère « Cheou » longévité en cercle et répété six fois.
Métal repoussé, ciselé et doré.

1892 — Deux Boutons de mandarin en métal doré.

1893 — Bouton de mandarin. Ivoire teinté rose et dont le support en cuivre doré porte en relief trois caractères.

1894 — Bouton de mandarin en verre rose, le support orné de fleurettes dont les cœurs forment de petites boules.

1895 — Même genre. Même couleur.

1896 — Même genre. Verre bleu opaque.

1897 — Même genre. Verre blanc opaque.

1898 — Même genre. Verre transparent ordinaire.

1899 — Même genre. Verre transparent ordinaire, le support représentant, en filigramme, une fleur de chrysanthème étageant ses pétales.

1900 — Pomme de canne en cuivre doré, décorée sur le dessus d'un fleuron ciselé.

1901 — Pommes de canne en cuivre doré, décorée sur le dessus d'un fleuron ciselé dont le cœur est une pierre verte et sur les côtés de rangs de godrons, de perles en métal et de perles vertes de différents tons.

Agrafes et Boucles de Ceinture

1902 — Agrafe de ceinture. Jade gris-laiteux, décoré en haut, relief de deux sortes de dragons.

1903 — Agrafe de ceinture à tête de dragons, décoré en haut relief d'un autre dragon.
Bois.

1904 — Boucle de ceinture complète, ornée de trois pierres, une verte et deux roses.
Cuivre doré.

1905 — Boucle de ceinture complète, ornée au milieu d'une pierre rose, de chaque côté d'un globule de verre, dans chacun desquels se voient trois pêches et une branche de pêcher.

1906 — Boucle de ceinture complète, dont les plaques ajourées représentent l'une et l'autre le lacet et la chauve-souris.
Cuivre.

1907 — Boucle de ceinture complète, dont les plaques ciselées et ajourées sont décorées de Shi-tze jouant avec une boule.
Cuivre.

1908 — Agrafe de ceinture à tête de dragon, décorée en haut-relief d'un autre dragon.
Cuivre.

COLLECTION CHINOISE

1909 — Agrafe de ceinture à tête de dragon et décorée en haut-relief d'un autre dragon.
Bois.

1910 — Agrafe de ceinture à tête de dragon, décorée sur sa partie plate et en bas-relief d'un dragon.
Cuivré.

1911 — Plaque de ceinture quadrangulaire à trois compartiments décorés de dragons qui sont mobiles, sous les nuages qui les retiennent.
Métal ciselé.

1912 — Plaque du même genre, dont un des compartiments s'introduit de côté dans une glissière et peut se retirer. Des dragons décorent les trois plaques.

1913 — Paque. Même genre que la précédente; d'une ciselure moins bonne.

1914 — Boucle de ceinture complète. L'agrafe et la boucle sont décorées en haut-relief de dragons parmi les nuages.
Bois.

Peignes

1915 à 1917 — Trois petits peignes. Corne.

Emblèmes de bonheur appelés Jou-i

1918 — Jou-i. Bois sculpté et incrusté de nacre et d'ivoire. Les sculptures représentent différents emblèmes : le swastica, la pêche, la grue, la chauve-souris, un panier fleuri. Un ornement de nacre représente deux cerfs, une grue, des pins, un arbre, des enroulements où se voient deux têtes de dragons.

1919 — Jou-i. Bois de fer sculpté de hauts-reliefs ajourés, représentant des branches de narcisses, de pivoines, de rosiers entremêlées. La crosse, la partie médiane, la partie inférieure, ornés d'une plaque de jade blanc sculpté, représentant des grues et des lotus. Ce Jou-i est muni de deux glands de soie jaune.

1920 — Jou-i. Bois léger clair, au manche très ajouré, les ajours dessinant des ornements enlacés et l'objet précieux, en forme de double quadrilatère, aux angles ornés d'une perle. Les plaques des extrémités et du milieu sont en cornaline de deux tons, et sculptées en bas-reliefs de grues, de pins, de branches de pêcher et du Tche (champignon) précieux.

1921 — Ratelier composé de cinq Jou-i en bois naturel et dont la crosse est décorée en bas-relief d'un ornement où se voient deux têtes de Fong-hoang, regardant un même cercle.

Accessoires de la table à écrire

1922 — Petit vase à eau et sa cuillère.

1923 — Trois plaques à user l'encre de Chine.

1924 — Trois couteaux à betel.

1925 — Encrier de poche.

1926 — Cachet fait d'une haute borne quadrangulaire, surmontée du Shih-tze.
Pierre de lard, marbrée jaune et rouge.

1927 — Cachet fait en forme de borne quadrangulaire, surmontée d'un cheval couché.
Pierre de lard, marbrée gris et rouge.

1928 — Cachet. Même genre que le précédent, surmonté du Shi-tze.
Pierre de lard jaunâtre.

1929 — Cachet en forme de borne quadrangulaire, au sommet tronqué et arrondi.
Jade rayable mi-partie rouge, mi-partie gris.

1930 — Cachet. Même forme, même matière.

1931 — Cachet en forme de borne quadrangulaire, au sommet tronqué et arrondi. Sur les côtés, en bas-relief, un paysage.

1932 — Cachet. Même genre, même matière.

1933 — Cachet surmonté du Shi-tze sur lequel est grimpé son petit.

1934 — Cachet. Même sujet.

Nécessaires pour le repas

1935 — Deux nécessaires a manger formé de deux baguettes et d'un couteau dans un étui.
Métal blanc découpé.

Pipes

1936 — Pipe a opium. Tube en ivoire, fourneau en étain ciselé, décoré de deux inscriptions et d'emblèmes.

1937 — Pipe a opium. Fourneau en terre dite boccaro.

1938 — Pipe a tabac en métal blanc en partie cloisonné. Décor fleurs polychromes, sur fond noir à bâtons rompus.

1939 — Pipe a tabac en métal blanc, en partie cloisonné. Décor de fleurettes et ornements divers en émaux polychromes.

1940 — Pipe. Métal blanc ciselé. Sur la base, deux caractères chinois.

1941 — Pipe. Métal blanc.

1942 — Pipette. Métal blanc.

1943 — Pipette. Bois noir et métal blanc.

1944 — Pipette. Bambou et métal blanc.

1845 — Pipette. Fourneau en métal blanc, bout en verre, tube bois noir.

1946 — Poêle.

Instruments de Musique

1947 à 1956 — Panoplie. Instruments de musique.

    1957 à 1951 — Cinq trompettes.
    1952-1953 — Deux flutes.
    1954 à 1956 — Quatre instruments a cordes.
    1956 *bis* — Cymbales.

Instruments de Supplice

1957 — Panoplie. Instruments de supplice.

1958 — Cangue.

Armes

1959 — Deux panoplies. Sabres et fauchards.

1960 — Fusils, Armes diverses, Arcs et Flèches.

1961 — Un canon.

1962 — Hache. A manche de bois dont la lame en fer est maintenue dans une gueule de lion, également en fer, mais dorée.

1963 — Armure. Sous forme d'un veston doublé de lamelles de fer disposées les unes sur les autres comme les écailles d'nn poisson. Bordure en étoffe brochée.
Casque conique en fer avec couvre-nuque en étoffe, garni à l'intérieur de plaques de fer.

CÉRAMIQUE

Jardinières, vases, cuillers, bols, coupes, etc.

1964 — Jardinière cylindrique à trois pieds, représentant des tigres, au signe Wang, roi.
Décor : bandes d'ornements divers en émaux polychromes.

1965 — Grande jardinière en forme de baquet décorée en émaux polychromes de poissons d'or et de plantes d'eau.

1966 — Jardinière en céladon clair à craquelures brunes.

1967 — Jardinière et coupe en porcelaine céladon. Décor or, rinceaux fleuris.

1968 — Vase cylindrique légèrement évasé.
Porcelaine décorée de personnages en bleu sous couverte.

1969 — Paire de vases décorés en émaux polychromes d'ornements divers.

1970 — Vase bas et très ouvert, décoré en émaux de la famille verte, de deux dragons parmi des nuages.

1971 — Deux tubes en porcelaine, décorés d'emblèmes et d'ornements chinois en relief, sous émaux polychromes.

1972 — Vase en porcelaine. Décor bleu sous couverte, rinceaux fleuris et les huit emblèmes.

1973 — Vase en porcelaine décoré, en rouge de fer, d'animaux fantastiques, entourés de vagues.

1974 — Vase en porcelaine décoré en émaux polychromes, de fleurs de lotus, de chauves-souris, du double caractère Ki, bonheur.

1975 à 1980 — Six cuillères à libations et une soucoupe à compartiment. Celle-ci non décorée, les cuillères décorées, soit en bleu sous couverte, soit en rouge de fer, soit en émaux.

1981 — Un lot. Dix-huit bols et coupes, couvercles de bols en porcelaine décorée en bleu sous couverte.

Trois bols décorés en bleu sous couverte.

Soucoupes en porcelaine décorée en bleu sous couverte.

Lot. Quatorze bols, tasses, couvercles de tasses, soucoupes, en porcelaine décorée en émaux polychromes.

Onze bols, tasses soucoupes. Porcelaine sous couverte céladon.

Coupe porcelaine céladon bleu empois foncé, décorée en réserve, à l'intérieur, de deux chauves-souris ; à l'extérieur des huit emblèmes taoïques.

Deux coupes sur pied, en porcelaine décorée de fleurs diverses : lotus, prunier, chrysanthèmes, en émaux polychromes.

Grande coupe et douze bols et soucoupes en porcelaine décorés en rouge de fer.

COLLECTION CHINOISE

Soucoupe. Porcelaine décorée en émaux vert, blanc, bleu, jaune, rose, rouge. Au milieu, un dragon à cinq griffes, tenant la perle enflammée, et autour de flots et de montagnes ; sur le marli, de swasticas enlacés dans des rubans flottants ; sur les contours extérieurs : de rinceaux de feuillages à fleurs de lotus et de pivoine. Pièce marquée « Fabriqué sous les Tsing » (la dynastie régnante). Très ébréchée.

Deux théières porcelaine. Décorées en émaux polychromes, d'ornements divers.

Éléphant portant un vase.
Porcelaine.

Cuvette porcelaine décorée en émaux polychromes d'ornements divers.

Tuiles et briques émaillées

1982 — Deux tuiles vertes en forme d'animal fantastique à deux cornes.

1982 bis — Deux tuiles vertes dont l'extrémité est décorée du dragon à cinq griffes. L'une porte un cachet avec des caractères chinois.

1983 — Deux tuiles faitières vertes (réparées), surmontées du Fong-hoang.

1983 bis — Tuile verte décorée du dragon à cinq griffes.

1984 à 1990 — Sept tuiles vertes surmontées d'animaux fantastiques.

1991-1992 — Deux tuiles vertes avec, à l'intérieur, une inscription en chinois et en mongole ?

1993 — Tuile verte représentant une fleur de lotus.

1994-1995 — **Deux briques vertes** à tête de lion fantastique.

1996-1997 — **Deux tuiles vertes** surmontées d'un animal fantastique à tête rappelant celle du cheval.

1998 — **Tuile verte** surmontée d'un lion fantastique.

1999 — **Tuiles** surmontées d'un animal fantastique, sorte de lion.

2000 — **Tuiles vertes** demi-cylindriques, terminées par un disque décoré du dragon à cinq griffes.

2001-2002 — **Deux tuiles** émaillées jaune. Représentant un personnage (Sien) à cheval sur un Fong-hoang.

IV

OBJETS DIVERS

Jade

2003 — Gros bloc en jade vert grisâtre. Décoré en bas-relief d'un paysage montagneux où se voit, d'un côté, un personnage assis sous un pavillon vers lequel un enfant se dirige et de l'autre côté un cerf.

2004 — Petite plaque ronde. Jade décoré de deux enfants sous un pin.

2005-2006 — Deux petites plaques, en jade blanc laiteux, provenant d'un Jou-i, et décorées chacune d'une chauve-souris et d'une pêche.

2007 — Petite plaque ronde ajourée, décorée d'un perroquet parmi des fleurs. Jade gris.

2008 — Petite plaque décorée d'un vase dans lequel est une grenade. Jade blanc laiteux.

2009 — Fleur de magnolia. Jade grisâtre translucide.

2010 — Plaque oblongue décorée d'un poisson parmi des feuilles et des fleurs de lotus. Jade gris laiteux.

Verre

2011-2012 — Tabatières en verre peintes à l'intérieur. L'une décorée d'un paysage avec une inscription et d'un oiseau sur un pin ; l'autre décorée de paysages et d'inscriptions.

2013 — Tabatières jumelles, décorées d'une jeune femme dans un jardin, de paysages et d'une sauterelle.

2014 — Petite plaque en verre imitant le jade blanc verdâtre, décorée en bas-relief d'une fleur.

Métal

2015 — Lot de monnaies chinoises.

2016 — Porte pinceau en forme de rochers de différentes hauteurs.
Bronze.

2017·2018 — Deux fragments de plaques oblongues et ajourées. Les ajours dessinant des rinceaux à fleurs de lotus, boutons de camélias ? fleurs de chrysanthème.
Métal doré.

2019 — Aiguilles. Pinces et objets divers.
Acier.

2020 — Outils.

2021 — Quinze petites plaquettes. Cuivre repoussé et ciselé.

Diverses sculptures sur bois

2022 — Panneau rond orné d'un dragon dans les nuages.
Bois naturel.

2023 — Panneau oblong orné de la chauve-souris, de pêches, de sceptres.
Bois de fer.

2024 — Panneau, bois découpé, orné de feuillages.

COLLECTION CHINOISE

2025 — Cadre, de forme carrée, orné de feuillages.

2026 — Petite frise de feuillages.

2027 — Panneau de porte provenant d'une réduction de temple.

2028 — Morceau de bois orné de deux chauves-souris.

2029 — Deux tasses en bois doublées en étain. Elles sont décorées extérieurement par la sculpture du caractère « Fou » bonheur, quatre fois répété, et d'emblèmes : le vase, la gourde, la flûte, l'écran.

2030 — Objet cylindrique ajouré, représentant un [dragon dans les nuages.
Bois laqué et bruni.

2030 bis — Un lot de fragments de frises ajourées.

Plaques en ivoire

2031 — Petite plaque en ivoire décorée en bas-relief d'un paysage et d'une scène à personnages.

2032 — Plaque du même genre.

2033 — Plaque en forme de paniers de fleurs.

Divers

2034 — Boite a tabac en gourde et au décor brûlé : un lion entouré de cinq chauves-souris et une inscription.

2035 — Règle en bois divisée et ornée par un cloutis de cuivre

2036 — Tablettes, bois, avec inscriptions et percée d'un trou à leur partie supérieure.

2037 — Une mesure chinoise.

2038 — Petite balance romaine à levier, en ivoire et enfermée dans un étui de bois.

2039 — Haut de petite balustrade. Cornaline.

2040 — Bout du baton inférieur d'un tableau. Pierre de lard jaune verdâtre translucide.

2041-2042 — Divers objets en métal, en bois, en vannerie.

2043 — Sept cadenas.

PEINTURES

Série de tableaux que leur aspect général : manière de peindre, couleurs employées, encadrement, forme et distribution des cartouches et inscriptions dont il sont revêtus, indiquent comme provenant vraisemblablement d'un même temple, peut-être celui du dieu de la médecine Yao-Wang, dont on voit le nom dans des cachets apposés au dos des tableaux : n°s 2096, 2100, 2109, 2110. Je les ai laissés groupés en dépit du mode de classement que nous avons adopté dans notre Catalogue, parce que leur ensemble me paraît composer un enseignement intéressant, une leçon de choses, autant que l'hypothèse relative à leur origine commune peut être admise. Leur ensemble montre, en effet, les dieux bouddhiques et taoïques faisant bon ménage sous le même toit, sous le patronage d'un dieu taoïque. Cependant, après avoir mis à part deux tableaux qui portent un cachet de fonctionnaire de la dynastie des Ming (1368-1619) pour des raisons que je vais donner, j'ai fait des autres, en me conformant à notre méthode, deux catégories correspondantes aux deux religions chinoises qui y sont représentées, en me guidant en cela sur les indications sommaires que m'ont donné sur leurs inscriptions MM. P. Pelliot et E. Chavannes (1). Il est clair que ces divisions sont bien loin d'être rigoureuses. On ne pourrait réellement les faire, si elles sont possibles toutefois, que lorsque ces peintures et les textes qu'elles fournissent auront été, ainsi que je l'ai déjà dit dans ma préface, sérieusement étudiées, avec tous les soins et le temps désirables, par les sinologues et les iconographes. J'ai mis à part les deux tableaux qui portent un cachet de fonctionnaire de la dynastie des Ming, parce que l'aspect de leurs couleurs, de leur soie, de leur monture, étant donné qu'il n'y a aucune raison, selon M. P. Pelliot, de contester l'authenticité des cachets, va constituer un critérium nous permettant de fixer approximativement la date des autres. Ceci explique les mentions que l'on trouvera à la suite des descriptions de chacun des tableaux. Epoque Ming (1368-1619) signifiera que, par comparaison aux peintures au cachet, celle en question paraît être de même époque qu'elles. Epoque Tsing (dynastie chinoise qui règne depuis 1619) signifiera que, pour les mêmes raisons, la peinture est postérieure au type Ming, sans cependant être moderne. Enfin, époque moderne signifiera que le tableau ne paraît pas remonter à plus d'une quinzaine d'années, bien que quelques-uns puissent être plus anciens. Ces identifications que justifie à première vue le critérium

(1) Voir ma préface.

adopté auront peut-être la chance de se vérifier pour certains tableaux qui portent le nom de l'individu qui les a fait ou fait faire. Il n'est pas impossible, en effet, que des recherches savantes ou consciencieuses, comme savent les faire nos sinologues, ne nous apprennent qui étaient ces signataires et l'époque à laquelle ils vivaient. Peut-être même ces découvertes obligeront-elles à fixer une date antérieure à celle admise pour certaines œuvres, la conservation des couleurs qui m'a guidé ici pour les dernières catégories, étant un critérium des plus aléatoires. Je renvoie, pour finir, à ce que j'ai dit dans ma préface de l'intérêt de ces tableaux au point de vue des procédés picturaux employés. Les tableaux n^{os} *2063, 2065, 2067, 2068, 2078, 2091, 2092, 2094, sont ceux où ces procédés sont le plus aisé à saisir. E. D.*

I

TABLEAUX DES MING

N° 2044-2045. *Deux tableaux portant le cachet d'un fonctionnaire de la dynastie des Ming, 1368-1619, préposé à la surveillance des rites.*

2044. DIFFÉRENTS GÉNIES. Six personnages en costume militaire, coiffés d'un petit chapeau maintenu au sommet de leur tête par un cordon noué sous leur menton. Ils tiennent chacun une corbeille dans laquelle se voient soit deux poissons, soit un enfant vêtu en rouge, soit un enfant vêtu en vert, soit un vase, soit un bouc, soit un bœuf.

Peinture sur soie, cartouche rouge à inscription or. Un grand cachet rouge donnant le nom d'un fonctionnaire de la dynastie des Ming (1368-1619) qui a fait le tableau.

2045. LES TROIS RELIGIONS ET LES QUATRE PROFESSIONS. Quinze personnages et un enfant non auréolés. Deux des personnages sont représentés plus petits que les autres. Parmi les treize qui restent, sont deux femmes et un prêtre ; sauf celui-ci, qui est dans le costume de sa profession, les autres et l'enfant ont des costumes civils plus ou moins différents. Un personnage, en costume civil, a une robe violette, une coiffure à deux étages quadrangulaires et tient le hou. Un

COLLECTION CHINOISE 143

autre, a une robe rouge, la calotte hémisphérique, relevée en arrière et aux cordons tombants; ses deux mains sont cachées dans ses manches. Un autre, à coiffure à peu près analogue et à robe verte, tient d'une main un écran décoré du soleil et de la lune et de l'autre un carré de papier bordé rouge. Un autre, à robe bleue, à coiffure d'étoffe nouée en arrière, a les mains jointes; un collier de perles pend à son cou. Un autre, ayant pour vêtement une sorte de blouse bleue et pour coiffure une calotte repliée en arrière, a les mains jointes. Un autre, à robe croisée, serrée à sa taille par une ceinture d'étoffe, tient l'équerre. Un autre, à blouse de paysan, les manches retroussées, à chapeau de de paille, de forme tronconique, porte sur son épaule une pelle et une sorte de rateau. Un autre, vêtu d'une blouse et à coiffure ornée d'un panache rouge, porte un ballot en bandoulière; il porte également sur son épaule un long parasol. Un autre, au visage rouge, a la barbe courte, frisée, est vêtu d'une robe rouge fourrée, aux manches serrées autour de ses poignets. Il est coiffé d'un turban et tient un objet peu distinct. Les deux femmes ont les mains jointes. Les personnages plus petits sont l'un un mendiant en haillons, tenant un long bâton et le pâtra, l'autre un aveugle jouant de la flûte.

Peinture sur soie jaunie, aux couleurs relativement passées, Cartouche rouge à inscription or. Cachet d'un fonctionnaire de la dynastie des Ming.

II

TABLEAUX
PARTICULIÈREMENT BOUDDHIQUES

Série de huit tableaux exécutés par un même moine, dont le nom est donné dans un cartouche sur chaque tableau.

2046-2047. LES ROIS DES QUATRE DIRECTIONS. *Représentés, deux par deux en deux tableaux. Sur l'un, le dieu de l'est, Tchre-Kuo, et celui de l'ouest,*

Kouang-mou. Sur l'autre celui du sud, Tsong-tchang et celui du nord, To-wen. Ils sont costumés en guerriers. Leurs armures recouvertes de vêtements de différentes couleurs sont comme ces vêtements, très ornées. Ils ont l'écharpe flottante. Leurs têtes sont entourées de flammes multicolores. Derrière eux se voient deux de leurs serviteurs, démons de différentes couleurs, l'un tenant une oriflamme agitée par le vent.

2046. LES ROIS DU SUD ET DU NORD. L'un tient d'une main le stûpa, de l'autre la bannière. L'autre a le visage rose pâle, sa main droite entoure le poignet de sa main gauche qui tient l'arc et les flèches. Le démon qui porte l'oriflamme est vert. Le second démon est bleu ; il tient un objet enveloppé au bout d'une hampe. (*Voir la Planche*.)

2047. LES ROIS DE L'EST ET DE L'OUEST. L'un au visage rouge tient de la main droite le sabre. Sa main gauche fait un geste devant sa poitrine, le pouce et l'index dirigés l'un vers l'autre, les autres doigts dressés et écartés. L'autre, au visage pâle, tient à deux mains la hache à long manche. Le serviteur qui tient l'oriflamme est brun. L'autre qui tient un objet cylindrique enveloppé est bleu.

Peintures sur soie jaunie, aux couleurs relativement passées. Epoque Ming.

2048 à 2051 — *Quatre tableaux où sont représentés huit Tsouen Tien (Jap Ten), deux par tableau, chacun accompagné d'un aide. Ces tableaux se font pendant deux à deux. Chaque tableau comprend un Tien, au visage coloré, plus ou moins terrible, dont la tête est entourée d'une auréole de flammes, et un Tien à la tête entourée de l'auréole ronde ordinaire. Celui-ci sur trois des tableaux, est une femme. Sur le quatrième, c'est un homme au costume et à la coiffure officiels chinois. L'aide de ce dernier et les aides des Tiens féminins sont des femmes tenant l'écran ou la bannière. Les aides des autres Tiens sont des hommes et ils tiennent l'oriflamme flottant au vent ou une hache à long manche auquel est suspendue une queue de tigre.*

2048. LE TIEN a l'auréole enflammée, a le corps rouge; son torse, ses bras et ses jambes sont nus ; il a un troisième œil au milieu du front et sa tête est surmontée d'une petite tête blanche grimaçante ; il a six bras ; deux de ses mains levées tiennent en pendant le disque du soleil et le disque de la lune ; deux autres sont jointes devant sa poitrine, les doigts pliés de la main gauche sous les doigts pliés de la main droite. Les dernières tiennent : les deux à droite, la massue à tête de vajra et le sabre ; les autres ,à gauche, le lacet et la longue hallebarde. Le serviteur de ce Tien a le visage vert.

Le Tien femme, dont le diadème semble orné du Fong-huang, tient à deux mains une fleur de lotus. L'écran de sa servante est décoré de la lune et du soleil au-dessus des nuages.

2049. Le Tien a l'auréole enflammée, a le costume militaire recouvert de vêtements de différentes couleurs très ornés ; il a trois yeux ; sa main droite tient un sabre ; de sa main gauche il fait un geste, montrant le ciel de son médius, les autres doigts pliés retenus sous son pouce. Le serviteur qui porte l'oriflamme a le visage brun.

Le Tien femme, au diadème orné d'une perle enflammée, tient un Jou-i, de la tête duquel s'élèvent des flammes. L'écran, tenu derrière elle par sa servante, est décoré de deux Fong-hoangs et de fleurs de pivoine.

2050. Le Tien a l'auréole enflammée, a le visage brun ; son costume est du même genre que celui du Tien au sabre du tableau précédent ; il tient ses deux mains jointes, les doigts écartés. Le serviteur qui porte l'oriflamme a le visage couleur chair très pâle.

Le Tien féminin a son diadème orné de trois Fong-hoangs ; ses mains sont jointes, doigts allongés comme pour la prière. L'écran tenu par sa servante est décoré du dragon à cinq griffes.

2051. Le Tien a l'auréole enflammée, a le corps bleu ; de sa bouche ouverte, sortent quatre crocs ; il tient de la main droite un bâton muni d'une cordelière, de la gauche il fait un geste, l'index levé au-dessus des autres doigts pliés. Son serviteur porte la longue hache à laquelle est suspendue la queue de tigre.

L'autre Tien, qui est ici un homme, est costumé et coiffé à la chinoise, et sa robe est décorée de dragons à cinq griffes ;

il soutient de sa main gauche un kouëï (1) (peint en bleu dressé sur sa main droite et dont la partie inférieure est enveloppée dans une étoffe. Sa servante tient la bannière.

Peintures sur soie jaunie, aux couleurs relativement passées. Époque Ming.

2052-2053 — *Deux Ming-wang.*

2052. Un « Ming-wang ». (En japonais Mio-o.) Dieu à l'aspect terrible. Il a trois visages, a le corps vert, est assis sur trois démons, l'un couleur chair, l'autre bleu, le troisième rouge. Le visage principal, de face, a la bouche ouverte, montrant ses dents et deux crocs; sa barbe, ses sourcils sont hérissés formant chaque fois une double série de pointes triangulaires; ses cheveux sont rouges enveloppant les deux autres visages qui sont de couleur rose, sont imberbes, plus calmes, ont l'aspect plutôt féminin. Parmi les cheveux, au-dessus de la tête principale, figure un crâne qui fait partie sans doute d'un diadème ou d'un collier dont on ne voit pas la suite. Le dieu a six bras, les deux ramenés en avant sont entourés, en haut, d'un serpent formant bracelet. Les mains de ces bras se croisent, poignet contre poignet et font chacune le même geste, le pouce et l'index réunis, les autres doigts pliés. Deux bras sont levés en l'air, leurs mains tiennent : à droite, un lotus surmonté d'un livre; à gauche, un petit bouddha assis, auréolé. Les deux dernières mains tiennent une flèche et un arc. Les trois têtes se détachent sur un fond jaune que limiten) des flammes multicolores. Au-dessus, assis sur un lotus porté par un nuage : Samantabhadra soutenant de sa main droite une tige de lotus dressée sur la paume de sa main gauche, dont la fleur supporte une feuille. Le fond du tableau est semé de branches fleuries.

Peinture sur soie. Inscriptions en or dans un cartouche rouge et noires dans un cartouche violet. Epoque Ming.

2053. Autre Ming-wang. Couleur chair, à trois visages, sur-

---

(1) *Tablette honorifique.*

COLLECTION CHINOISE 147

montés d'une tête et a six bras. Il est assis sur un personnage couché, aussi à trois visages, celui de face souriant et à l'aspect féminin. Derrière ce personnage, s'entrevoit un démon vert. Le visage de face de la divinité, le plus important, a trois yeux. Les autres visages sont, celui à gauche du premier, vert, celui à droite, rouge. La tête qui les surmonte est celle d'une Bodhisatva à l'ûrnâ et aux cheveux bleus, ornés de parures. Deux des mains du dieu sont levées au-dessus de sa tête ; l'une tient un sabre, l'autre montre de l'index une roue ornée de perles de couleurs, réprésentée horizontalement, sans appui, un peu plus haut ; deux autres mains sont ramenées en avant : la gauche posée sur l'extrémité en forme de boule d'un grand Phur-bu dont la pointe est sur le sol ; la droite, embrassant le poignet de la gauche. Les deux dernières mains tiennent chacune une hallebarde. Les têtes du Ming-wang se détachent sur un fond jaune, limité par des flammes multicolores. Au-dessus, sur un lotus porté par un nuage, le Boddhisatva Maitreya est assis. Il tient une sorte de chasse-mouches aux poils disposés de côté. Le fond du tableau est semé de branches fleuries.

Peinture sur soie aux tons vieillis. Epoque Ming.

SUITE DES TABLEAUX PARTICULIERS

2054-2055 — *Deux Ming-wang appartenant à une série moins ancienne que la precédente.*

2054. MING-WANG à trois têtes et six bras, assis sur un paon, la jambe gauche relevée sur une femme agenouillée. Il est vêtu d'une jupe qui laisse le bas de ses jambes nues. Deux écharpes, l'une rouge, l'autre verte, passent sur sa poitrine et ses bras, également nus. La tête à droite est rouge, celle à gauche bleue. La tête principale, de face, est souriante, la bouche ouverte montrant quatre crocs ; ses cheveux noirs se dressent comme des flammes ; son front est ceint d'un étroit bandeau et est surmonté d'un disque où se voit un caractère sanscrit. Un de ses bras droits passe devant sa poitrine et la main de ce bras la paume en dedans fait un geste : les cinq doigts écartés. Une autre main n'est pas visible, les autres tiennent successivement, à droite, le vajra, le sabre, la lance ; à gauche, la hallebarde ornée au-dessous de la lame d'un long et étroit bouclier. Une large gloire bordée de flammes entoure les têtes du dieu et au-dessus de cette gloire, sur un lotus, est représenté un boddhisatva assis tenant le pâtra sur sa main gauche et dont la main droite est dressée de profil, les doigts allongés, devant sa poitrine.

Peinture sur soie. Cartouche rouge sans inscription. Époque Tsing.

2055. MING-WANG. Analogue au précédent, mais à quatre têtes· trois à la base, une au-dessus. Les deux têtes de chaque côté de la principale sont, l'une verte, l'autre de couleur chair. Le Ming-wang est assis sa jambe gauche relevée sur une femme couchée et sur un monstre brun dont on ne voit que la tête et deux bras. Derrière sa jambe droite se voit un autre monstre au corps rouge. Deux de ses mains sont ramenées devant lui, sa main gauche posée sur sa main droite qui s'appuie sur l'extrémité en forme de boule d'un Phur-bu dont la pointe est fichée sur le sol. Deux de ses mains sont levées, de chaque côté de sa tête ; celle de droite tient un sabre, celle de gauche montre le ciel, l'index, dressé au-dessus des autres doigts pliés. Les dernières mains tiennent, celle de droite : une lance à une lame, celle de gauche : une lance à trois lames. Au-dessus du dieu : le boddhisatva Maitreya assis sur un lotus et tenant un chasse-mouche, semblable à celui tenu par le Maitreya du tableau 2053.

Cartouche sans inscription, Époque Tsing.

2056 — AMITÂBHA assis sur un lotus élevé sur un trône, richement orné. Son costume est décoré de dragons à cinq griffes. du Fong-hoang, de nuages finement dessinés en or. Il fait de sa main gauche relevée le geste de la prédication : le pouce et l'index réunis ; sa main droite, dirigée vers la terre, fait un geste analogue. Derrière le Bouddha, est une double auréole ; la plus grande enveloppant son dos, la seconde sa tête. Ces deux auréoles sont entourées de flammes. Au-dessus, est un dais orné de pendeloques multicolores. Des nuages verts, roses, jaunes, entourent le sujet, se détachent sur un fond en partie bleu et en partie vert. Au-dessus du Bouddha, à droite et à gauche, sont deux divinités volantes, présentant l'une des fleurs, l'autre un petit rocher.

Peinture très soignée sur papier. Le visage quelque peu modelé. Epoque Tsing.

2057 — AMITÂBHA debout sous un dais, chacun de ses pieds posé sur un lotus ; sur sa poitrine est le Swastica. Sa main gauche est ramenée horizontalement devant sa poitrine la paume en l'air. De sa main droite dirigée vers la terre, la paume en bas, descend un filet d'air qui s'élargit et dans lequel, au pied du Dieu, sont représentés deux groupes de Chinois : hommes, femmes, enfants, en prière. Dans le champ du tableau, un semis de fleurettes.

Epoque Tsing.

2058 — AMITÂBHA debout. Même attitude, même geste que le n° 2057. Il n'a pas le swastica. Les deux groupes de personnages, en prière, sont également représentés, mais ici ils ne sont pas dans un nuage.

Epoque Tsing.

2059 — AVALOKITÇEVARA assis sur un lotus élevé sur un trône, il est couvert de colliers et de bracelets. Ses jambes sont pliées horizontalement devant lui, la plante des pieds en l'air. Ses deux mains sont réunies l'une sur l'autre dans son giron et tiennent un petit temple entouré de flammes. Au-dessus de la divinité est un dais. En haut et en bas sont des cartouches avec inscriptions dorées.

Epoque Ming.

2060 — TI-TSANG-WANG POU-SA, KSITÉGARBA, le JISO des Japonais. Assis dans un grand fauteuil de style chinois. Son pied gauche repose sur un lotus rose, son pied droit est relevé sur le genou du côté opposé. Il tient d'une main le sistre à anneau, de l'autre le joyau. Il est coiffé d'une sorte de tiare découpée sur le devant en cinq médaillons triangulaires parmi lesquels celui du milieu est occupé par un petit bouddha assis. Au-dessus de Ti-tsang-wang est un dais et à ses pieds un lion. Auprès de lui se voient (en arrière) : deux jeunes gens aux cheveux disposés en deux touffes sur leur tête et tenant l'un et l'autre un livre roulé; en avant, deux personnages nimbés, les mains jointes, un prêtre? bouddhiste, un Chinois, les cheveux enveloppés dans une étoffe.

Peinture sur soie. Epoque Tsing.

2061 — SIX BODHISATVAS. Six personnages d'aspect féminin, la tête auréolée, vêtus : trois de la robe du moine, mais de différentes couleurs; deux de la robe en plusieurs morceaux, du prêtre; un de l'écharpe et de la jupe. Chacun de leurs pieds repose sur un lotus de couleur différente, pour chaque pied. L'un a les mains jointes, les doigts allongés, et sur ses bras est posé une sorte de chasse-mouches dont les poils sont disposés de côté. Le second tient la roue sur sa main droite et fait un geste de la main gauche. Le troisième tient un petit rocher sur un plateau. Le quatrième tient une feuille sur sa main droite et fait un geste de la main gauche. Le cinquième et le sixième font également un geste de l'une de leurs mains; le cinquième tient le pâtra sur sa main gauche; de l'index droit du sixième s'élève un petit nuage que termine le disque du soleil.

Peinture sur soie verdâtre. Un cartouche rouge à inscription or. Epoque Ming.

2062 — Six Bodhisatwas. Tableau faisant pendant au n° 2061. Ils sont debout, chaque pied sur un lotus et auréolés. L'un tient le Jou-i, l'autre une fleur de pivoine ; le troisième, un livre roulé ; le quatrième, un écran, où sont représentés la lune et le soleil ; le cinquième fait un geste de la main droite et de l'index levé de sa main gauche s'élève un nuage, qui supporte le disque de la lune. Le sixième a les mains jointes, les doigts allongés.

Peinture sur soie. Epoque Ming.

2063 — Différentes divinités, y compris Indra. Sept personnages d'aspect féminin, costumés et coiffés à la chinoise et au milieu des nuages. Six ont le front ceint d'un diadème et portent une coiffure plus ou moins différente l'une de l'autre. De ces six, quatre seulement ont l'auréole autour de la tête et ceux-ci, sauf un, tiennent le kouéï, soit les mains nues, comme deux d'entre eux, soit les mains recouvertes d'une étoffe comme le troisième. Le quatrième des personnages auréolés a les mains jointes pour la prière et est le seul de tout ce groupe qui ait le signe ûrna, les autres ayant des taches de lumière sur le front, le bout du nez, le menton. Les deux non auréolés ont les mains jointes. Enfin, le dernier personnage, qui est une servante, tient la bannière ronde, faite de bandes de soie. (*Voir la Planche.*)

Peinture sur soie jaunie, dont les couleurs sont relativement passées. Cartouche rouge à inscription or. Epoque Ming.

2064 — Différentes divinités, y compris Indra parmi les nuages. Neuf personnages d'aspect féminin et analogues à ceux du tableau précédent. Huit sont auréolés, le neuvième, une servante, n'a pas d'auréole et tient la bannière ronde, faite de bandes d'étoffe. Deux divinités tiennent l'une, le kouéï, l'autre des fleurs sur une corbeille. Deux tiennent le kouéï (1), peint en bleu, et les quatre dernières ont les mains jointes.

Peinture sur soie jaunie. Cartouche rouge à inscription or.

(1) *Tablette honorifique*, emblème du rang.

2065 — Cinq souverains célestes du monde des désirs. Quatre ont l'aspect féminin, le cinquième est un homme. Ils sont debout, costumés et coiffés à la chinoise, sont parmi les nuages et ont la tête auréolée. Les quatre d'aspect féminin prient, les mains jointes. Ils sont vêtus de robes superposées, dont les longues manches, qui se plissent sur leurs avant-bras, tombent presque jusqu'à terre. La coiffure de trois d'entre eux est à peu près la même : sur le devant, un diadème, derrière lequel se voit un petit chapeau lobé, dont la crête est ornée de perles. Le quatrième a également un diadème, mais sa coiffure plus haute est simplement terminée par une sorte de perle. Le personnage homme a une robe de dessus rouge. Sa coiffure est un chapeau à planchette et à pendeloques (1). Il tient le kouéï (peint en bleu). Sous sa robe passe l'ornement appelé pei (2).

Peinture sur soie jaunie, aux couleurs relativement passées. Cartouche rouge à inscription or. Epoque Tsing.

2066 — Divinités des six désirs. Sept personnages debout, parmi des nuages. Six d'aspect féminin, disposés sur deux rangs, le septième, un homme représenté au-dessus et au milieu. Tous sont vêtus et coiffés à la chinoise, comme sur le tableau n° 2065, et tous ont la tête auréolée. Deux de ceux à l'aspect féminin au premier rang et deux au second prient, les mains jointes, doigts allongés. Le diadème des deux autres, qui ont le même aspect, est surmonté du Fong-hoang. L'un d'eux, tient un disque, orné d'un caractère sanscrit ? L'autre fait un geste. Le personnage homme, au chapeau surmonté d'une planchette que décore le soleil et la lune, tient un kouéï.

Peinture sur soie jaune, aux couleurs relativement passées. Cartouche rouge à inscription or. Epoque Ming.

2067 — L'empereur saint de la roue. Neuf personnages, parmi les nuages. Cinq, la tête auréolée, quatre sans auréole. Les

---

(1) Chapeau appelé *Mien*.

(2) Pierreries groupées et suspendues les unes au-dessous des autres par des chainettes et qu'on pendait à la ceinture.

COLLECTION CHINOISE 153

cinq auréolés ont le costume civil, les quatre autres le costume militaire; quatre des premiers ont une coiffure semblable et tiennent le kouëï décoré d'étoiles; le cinquième tient aussi le kouëï, mais ses mains sont enveloppées dans une étoffe et sa coiffure est le chapeau à planchette et à pendeloques. Des quatre personnages au costume militaire, deux ont les plans du visage plus accentués que les autres. Ils ont tous quatre pour vêtement de dessus, un manteau rouge. Leur coiffure, relevée en arrière, est ornée d'un ruban rouge noué, dont les extrémités flottent au vent. Chacun d'eux tient une tablette rouge, sur laquelle se lit une inscription dorée.

Peinture sur soie jaunie, aux couleurs relativement passées. Cartouche à inscription d'or. Epoque Ming.

2068 — Génies des huit sortes d'êtres. Huit personnages auréolés : Un personnage imberbe revêtu d'une sorte d'armure recouverte de vêtements flottants et de l'écharpe, coiffé d'une calotte en forme de tête d'animal pourvue de cornes; il a les mains jointes, doigts allongés, devant sa poitrine. — Un autre personnage à barbe grise, paraissant rire, vêtu d'une robe jaune et de l'écharpe flottante, coiffé d'un chapeau fait d'un bandeau surélevé en arrière et surmonté sur le devant d'un ornement en accolade; il tient à deux mains le kouëï (peint en vert). — Une femme vêtue d'une robe vert-pâle à revers rouges, la tête surmontée d'un diadème, sur le devant duquel se voit une perle enflammée; elle a ses mains jointes, les doigts allongés. — Un guerrier dont l'armure disparaît en partie sous une longue cape rouge, coiffé d'un casque à touffe de crins rouges, tient également ses mains jointes. — Un homme à barbe grise, vêtu d'une robe blanche, coiffé d'une sorte de bonnet d'étoffe épais, de forme irrégulière dont les rubans pendent par derrière; il tient, de la main droite, une sorte de calice à couvercle et en forme de fleur de lotus; sa main gauche est ramenée vers son visage, les doigts réunis au pouce, sauf le petit doigt. — Un personnage au visage brun, au vêtement bleu s'entr'ouvrant sur une armure, et entouré de l'écharpe; au casque représentant une tête de lion et tenant devant lui, horizontalement, entre les pouces et les index de ses mains réunies, les doigts allongés comme pour la prière, un bâton terminé par une crosse à tête de dragon. — Un démon vert à bec d'oiseau au buste nu autour duquel vole l'écharpe retenue sur ses bras ; il tient ses mains réunies devant sa poitrine, les doigts pliés, la main droite recouvrant la main gauche. — Un démon vert aux cheveux rouges, à deux têtes, une petite au-dessus de la première, ayant chacune trois yeux ; il a quatre bras, deux de ceux-ci levés en l'air, leurs mains ouvertes horizontalement et au-dessus desquelles se voient le soleil et la lune. Les deux autres mains jointes devant la poitrine, les doigts écartés.

Peinture sur soie jaunie, couleurs relativement passées. Deux cartouches rouges à inscriptions or, l'une se traduisant : « Le fonctionnaire dévot Han-t'chouen-hi a fait » (1). Epoque Ming.

2069 — NEUF LOHANS ET LEURS SERVITEURS. Dans le bas du tableau, un dragon évoqué par l'un des Lohans qui tient le pâtra. L'un des autres Lohans tient un vase d'où sort un nuage. L'autre s'enveloppe dans son manteau et devant lui, un premier aide tient un vase de fleurs de lotus, un second, des livres roulés. Le quatrième tient un chapelet, le cinquième un écran de plumes, le sixième un Jou-i (2), le septième s'appuie sur un bâton noueux ; derrière lui un aide tient un objet enveloppé, le huitième tient un brûle-parfum à long manche, le neuvième, qui est aveugle, est guidé par un enfant et tient une longue canne en bambou.

Peinture sur soie. Epoque moderne.

2070 — SIX LOHANS DANS UN PAYSAGE. L'un, Ta-mô, enveloppé de son manteau. L'autre tenant un long bâton et guidé par un personnage plus petit. Le troisième tenant le brûle-encens ; auprès de lui, un homme plus petit, au corps brun, ouvre la boîte aux parfums. Le quatrième tenant la cloche et

---

(1) Traduction de M. Chavannes.
(2) Sorte de sceptre.

le vajra, le cinquième tenant un objet peu distinct, le sixième tenant le sistre à anneaux.

Peinture sur soie. Époque moderne.

III

DIEUX BOUDDHIQUES ET TAOÏQUES

Dieux et Empereurs

2071 — Empereur des cinq directions, des cinq terres... Sept personnages dont six sont auréolés. Les six auréolés tiennent le kouëi. L'un a *le mien*, la coiffure à planchette horizontale et à pendeloques ; quatre, la coiffure à côtes ornée de perles ; un, la coiffure à bords relevés en arrière. Le septième personnage a le visage et les mains, couleur marron ; il est coiffé de la calotte hémisphérique relevée en arrière, et à ailettes, ou cordons se tenant raides de chaque côté de la tête. Sa robe est rouge. Il tient un livre roulé.

Peinture sur soie. Un cartouche à inscription or. Époque moderne.

2072 — Sainte assemblée des dieux. Groupe des neuf personnages : deux femmes ; un vieillard et un jeune homme en costume chinois officiel ; deux divinités tantriques ; un démon ; un porte-bannière ; un enfant. Sauf le démon, le porte-bannière et l'enfant, les autres personnages ont la tête entourée d'une auréole. L'une des femmes que l'enfant semble particulièrement prier de ses mains jointes est vêtue de robes jaune et rouge, à revers verts ; elle a l'écharpe et sa tête est surmontée du diadème en forme de Fong-hoang ; elle prie les mains jointes comme l'enfant. L'autre femme, dont les robes sont roses et brune à revers bleu, et la coiffure identique à celle de la précédente tient à deux mains une bouteille contenant des feuilles de roseaux. Le personnage à barbe blanche et au costume officiel, a une robe jaune et est coiffé d'un chapeau surmonté sur le devant d'un panneau lobé. Il tient à deux mains le kouëï (peint en bleu). Le jeune, dont le vêtement est vert pâle et dont la coiffure a quelque analogie avec celle du vieillard, mais est surmontée devant par un disque, tient aussi le kouei (peint en bleu). Ses mains sont cachées par une étoffe. C'est derrière le vieillard que se tient le porte-bannière. L'un des dieux tantriques a sa tête surmontée d'une tête plus petite; la première a trois visages : celui de face, est rose et a trois yeux ; il a huit bras, deux en l'air, dont les mains tiennent, l'une le soleil, l'autre la lune; deux mains ramenées en avant sont réunies, leurs doigts pliés, la main gauche couvrant la main droite ; les autres tiennent une flèche, une massue, une épée, un autre objet caché par une des femmes qui est devant. Le démon vert présente à ce dieu, sur un plateau une branche de corail et des perles de différentes couleurs. L'autre dieu tantrique a le visage et les mains bleus, ses cheveux et sa barbe sont rouges et hérissés. Il tient de sa main droite et sous le bras de ce côté, une hache à long manche. De sa main gauche ramenée vers sa poitrine il indique de l'index le sol. Les auréoles des divinités tantriques sont entourées de flammes.

Peinture sur soie, cartouche rouge à inscription or. Époque moderne.

2073 — Assemblée de trois empereurs et dieux de la médecine. Huit personnages entourés de nuages et la tête ceinte d'une auréole ronde. Le premier, en haut et à gauche, est vêtu d'une pélerine d'herbes et d'une jupe de feuillages, le reste de son corps est nu ; il tient une gerbe de grains. Le second, en pendant, est vêtu d'une pélerine d'herbe tressée et d'une jupe d'herbes, le reste de son corps est nu ; il tient d'une main un champignon, de l'autre un fruit. Le troisième, au-dessous et au milieu est vêtu d'une ample robe décorée de nuages et sous laquelle ses mains disparaissent ; et il est coiffé d'un foulard drapé. Le quatrième, au-dessous à droite, est vêtu d'une robe rouge à plastron décoré d'une grue ; sa coiffure est une sorte de chapeau à ailettes ; il tient de la main droite une gourde ; à ses pieds est un tigre. Le cinquième, faisant pendant au quatrième, est vêtu d'une robe bleue, coiffé d'un chapeau analogue à celui du personnage précédent, mais à couvre-nuque et il tient aussi sur sa main gauche une gourde; à ses pieds est un loup. Le sixième, au milieu et au-dessous, est vêtu d'une pèlerine de feuillage et d'une jupe d'herbes, sa tête est surmontée de deux petites cornes, le reste de son corps est nu; il tient à deux mains le Taï-ki : figure où sont inscrites dans un cercle, les virgules représentant les éléments mâle et femelle, entourées des huit Koas (1), ce personnage est sans doute Fou-hi, un des premiers empereurs mythiques de la Chine. Le septième à droite, le corps brun, sa tête nue surmontée comme celle du précédent de deux petites cornes; il est vêtu de la robe de moine; de sa main droite il tient une branche de feuillage et de la main gauche un fruit analogue à celui tenu par le troisième personnage. Le huitième, faisant pendant au précédent, est revêtu d'une robe décorée du dragon à cinq griffes; il est coiffé du *mien*; il tient de ses deux mains cachées sous une étoffe, un kouëi de couleur bleue décoré d'une constellation, de montagnes et d'un autre ornement.

Peinture en couleur sur soie. Dans un cartel rouge, à gauche et en haut, une inscription en lettres d'or. Époque moderne.

2074 — Seigneur du palais violet et héros a tête de feu. Groupe de quatre personnages debout, entourés de nuages, au-dessus duquel se voit un autre groupe de deux personnages, également debout, plus petits. Le personnage principal a la barbe grise, et tient à deux mains, devant son visage, le hou. Le col et la bordure de sa robe, sont décorés de dragons à quatre griffes. Les trois autres personnages autour de lui, sont ses serviteurs. L'un, au visage rouge, tient une oriflamme sur laquelle se voit une inscription. L'autre, un démon au corps et à la tête bleus, aux cheveux rouges hérissés, tient

---

(1) Les Koas sont des groupes de symboles formés de lignes superposées entières ou brisées, avec lesquels est écrit le Y-King, un des plus anciens livres de la Chine (xiie, xe siècles av. J.-C.), et qui servent à la divination.

une hache à long manche. Le troisième tient sur un plateau, un objet, sorte de bol (?), contenant un gâteau en forme sphérique. Le petit groupe au-dessus du premier, est formé d'un personnage vêtu d'une robe rouge, coiffé du chapeau à côtes orné de perles, tenant le kouéï, et d'une divinité bleue (1) horrible, aux cheveux rouges, au ventre ouvert. Celle-ci tient ses mains jointes, les doigts pliés, sauf les deux pouces. Le personnage et la divinité du petit groupe sont auréolés.

Peinture sur soie. Deux cartouches rouges à inscriptions or. Epoque Tsing.

2075 — DIVERSES DIVINITÉS masculines debout dans les nuages. Trois personnages ont de la barbe, deux n'en ont pas. Tous ont la tête entourée d'une auréole. L'un de ceux qui ont de la barbe, a une robe jaune et porte le *mien*; il tient le kouéï, ses deux mains cachées par une étoffe. Le second, ne diffère du premier que par la couleur de sa robe, qui est rouge et décorée du dragon à cinq griffes. Le troisième a une robe rouge, le chapeau qui se relève par derrière, et il tient de ses deux mains nues, le hou. Un des imberbes à robe bleu et chapeau arrondi dans le haut, tient le kouéï bleu. Le second tient également le kouéï, sa robe est violette et sa coiffure est une petite couronne placée sur le sommet de sa tête et surmontée d'une crosse de Jou-i.

Peinture sur soie jaunie. Un cartouche à inscription d'or. Epoque Ming.

Régents et esprits d'étoiles ou de constellations

2076 — ESPRITS CÉLESTES DU BOISSEAU DE L'EST. Cinq personnages à robe et coiffure chinoises, debout, la tête auréolée et entourés de nuages. Quatre ont une robe verte, la petite coiffure que surmonte une tête de Jou-i, et tiennent un kouéï. Le cinquième, vêtu d'une robe rouge, tient un hou

(1) Voir n° 2132.

(peint en blanc) et a pour coiffure le chapeau côtelé, mais dont la moitié postérieure est comme enveloppée dans un étui quadrangulaire, qui descend en arrière jusque sur les épaules du personnage; en avant de sa coiffure s'élève une petite aigrette. On voit passer sous la première robe de ces personnages, l'ornement appelé peï.

Peinture sur soie, aux couleurs relativement passées. Epoque Ming.

2077 — Régent de six étoiles du boisseau du sud. Huit personnages debout, entourés de nuages et de flammes et la tête auréolée. L'un en costume militaire, est coiffé du casque à touffe de crins; il a un troisième œil au milieu du front; il tient de la main droite l'épée, de la main gauche une clochette d'où s'échappent des flammes. Un autre en robe ouverte sur le côté et sur la tête duquel se voient, au-dessus de chaque oreille un nœud d'étoffe, tient un rouleau d'où sortent des bandes de papier? Les six autres personnages sont revêtus du costume civil officiel et coiffés sur le sommet de la tête d'une petite couronne festonnée que surmonte une tête de Jou-i; ils tiennent tous le kouëï peint en bleu, orné de nuages ou de montagnes; leurs robes sont rouges, violettes, roses. Sur l'une d'elles se voient, en décor, différents koa s entourés de nuages, sur une autre des dragons à cinq griffes.

Peinture sur soie. Un cartouche à inscription d'or. Epoque moderne.

2078 — Esprits célestes du Boisseau moyen. Huit personnages debout parmi des nuages, la tête auréolée. Un démon au corps rouge; un guerrier au corps rouge également. Les six autres personnages en costume civil officiel. Le démon a le torse et le bas des jambes nus; une écharpe passant sur ses bras flotte autour de lui; ses cheveux noirs sont dressés, son front est surmonté d'une sorte de diadème simulant le soleil sur des nuages; il tient de la main gauche une épée. Le guerrier a sa main gauche sur sa hanche, et tient de sa main droite sur son épaule une hache à long manche. Parmi les personnages en costume civil, cinq ont de la barbe ; le sixième, imberbe a l'aspect féminin. L'un de ceux qui ont de la barbe, porte une coiffure différente de celle des cinq autres: tandis que la coiffure de ceux-ci est une sorte de petite couronne surmontée par un ornement qui rappelle la crosse du Jou-i, la coiffure de celui-là est un chapeau formé d'un bandeau orné, surélevé par derrière et surmonté par devant par un disque rouge (le soleil) au-dessus de petits nuages. La robe de ce dernier personnage est d'ailleurs décorée du dragon à cinq griffes, tandis que celle des autres est unie ou décorée de semis d'ornements géométriques et d'enroulements. (*Voir la Planche.*)

Peinture sur soie jaunie aux couleurs relativement passées. Epoque Ming.

2079 — Esprits célestes de douze constellations. Onze personnages: un homme, à robe bleue, chapeau côtelé garni de perles tient un kouëï (peint en bleu) à décor d'étoiles, ses mains sont cachées par une étoffe. Un autre ne diffère du premier que par la couleur de sa robe qui est violette. Un troisième à robe rouge tient le kouëï de même manière; sa coiffure est ornée sur le devant d'un disque rouge décoré d'un coq (le soleil). Deux autres, imberbes, à visage d'aspect un peu féminin, tiennent aussi le kouëï, mais l'un d'eux le tient, de ses deux mains decouvertes ; la coiffure de celui-ci est ornée sur le devant d'un disque blanc orné d'un lièvre (la lune); celle du second est ornée du Fong-hoang. Un personnage à longue barbe grisonnante fait un geste particulier de ses deux mains. Deux autres au visage coloré, l'un en brun, l'autre en rouge, celui-ci ayant un œil au milieu du front, tiennent le kouëï ; leurs mains sont cachées sous une étoffe. Deux femmes dont le diadème est orné du Fong-hoang, tiennent l'une un pinceau et une feuille de papier déroulée, l'autre la guitare enveloppée. Enfin une divinité tantrique a deux têtes superposées, dont la première tête a le visage rouge, les cheveux de même couleur hérissés, et dont la seconde tête est une tête de cheval, tient d'une main la clochette, de l'autre une épée d'où s'échappe une flamme.

Peinture sur soie jaunie aux couleurs relativement passées. Deux cartouches rouges, l'un à inscription d'or, l'autre sans inscription. Epoque Ming.

2080 — Esprits célestes des quatorze constellations. Groupe de quatorze personnages debout, tous auréolés, les uns imberbes, les autres ayant la moustache et la barbiche. Ils regardent généralement vers la gauche, quatre ont le visage et les mains colorés ; un en bleu, un en brun foncé, deux en vert. Ceux-ci ont les cheveux et la barbe rouges ; ils sont vêtus d'une ample robe à larges manches pendantes et de couleurs différentes, les unes décorées, les autres unies. La robe de l'un des personnages verts est décorée du dragon à cinq griffes. Ils ont tous la même coiffure posée au sommet de la tête, ornée en avant d'un disque. Tous tiennent le kouéï à deux mains, devant eux. Pour deux personnages ce kouéï est peint en vert, pour les autres il est bleu.

Peinture en couleurs sur soie. Inscription or, un cartouche rouge en haut et à gauche. Epoque moderne.

2081 — Groupe de quatorze personnages faisant évidemment pendant aux précédents. Ils ont le même costume, variant de couleurs et de décors, la même coiffure. Ils tiennent également tous le kouéï et regardent généralement vers la droite. Parmi ces quatorze personnages, comme parmi les autres, il en est d'imberbes, et il en est qui ont la moustache et la barbiche. L'un est un vieillard à barbe blanche. Quatre ont aussi le visage et les mains colorés, un en brun foncé, un en bleu, un en rouge, un en vert et celui-ci a la barbe et les cheveux rouges.

Peinture en couleurs sur soie. Cartouche rouge à inscription or en partie effacée. Epoque moderne.

2082 — Esprits célestes des douze constellations. Douze personnages debout parmi les nuages, la tête entourée d'une auréole. Deux ont le visage brun et les yeux arrondis au regard fixe. Un seul est imberbe. La robe de deux d'entre eux est décorée du dragon à cinq griffes. Leur coiffure est la même. Tous tiennent le hou (peint en blanc), la position des mains différant parfois.

Peinture sur soie jaunie aux couleurs relativement passées. Deux cartouches à inscription, dorées. L'un au nom de celui qui a peint. Epoque Tsing.

2083 — RÉGENT DES ONZE GRANDES ÉTOILES VOYANTES. Onze personnages auréolés. L'un a une robe bleue décorée du dragon à cinq griffes, et une coiffure côtelée, ornée de perles ; il tient un kouëi. Le second au visage rouge, ayant un troisième œil au milieu du front, est en costume militaire, et est coiffé sur le sommet de sa tête d'une petite couronne surmontée d'une aigrette ; il tient d'une main une épée, de l'autre la clochette d'où sortent des flammes. Le troisième à robe jaune, coiffé d'une calotte hémisphérique relevée en arrière et à couvre-nuque, tient à la main un long bâton. Trois autres sont des femmes : l'une tenant le pinceau et une bande de papier sur laquelle se voit dessinée la figure du Yang et du Yin (1) ; la seconde tenant un instrument de musique enveloppé ; la troisième un kouëi (peint en bleu). Deux autres personnages ont la coiffure côtelée, ornée de perles et tiennent le kouëi (bleu). L'un est vêtu d'une robe rouge ornée de grues et a sur le devant de son chapeau un disque rouge décoré de rayons. Des trois derniers personnages, deux portent au sommet de la tête le petit chapeau ou couronne côtelé, orné de perles, et tiennent aussi le kouëi (bleu). L'un a le visage marron avec un troisième œil au milieu du front, et ses lèvres entr'ouvertes laissent passer quatre petits crocs. Le second a le visage brun. Le onzième personnage tient d'une main l'épée, son autre main est relevée devant sa poitrine, la paume en avant, le pouce et l'index réunis ; il a le visage féminin ; il a l'écharpe flottante et une autre écharpe passant sur sa poitrine nue ; ses bras sont également nus ; sa coiffure est constituée par une bande d'etoffe nouée au milieu de son front et dont

(1) Principe mâle et principe femelle.

les extrémités flottent au-dessus de sa tête, formant comme deux cornes; le milieu du nœud est occupé par un disque. Epoque moderne.

Esprits, Rois, Princes des éléments

2084 — Esprits qui président a l'eau, au feu, au jour, a la nuit, a la terre, a l'air. Sept personnages debout parmi les nuages. Aucun n'est auréolé. Cinq ont le costume militaire, un a le costume civil, le septième est une femme. Des cinq militaires, quatre ont un petit chapeau retenu au sommet de la tête par un cordon attaché sous leur menton. L'un tient la roue entourée de flots, l'autre tient la roue entourée de flammes; le troisième tient un petit rocher; le quatrième qui a le visage et les mains rouges, tient une longue queue de tigre; le cinquième militaire a également le teint coloré; il est coiffé du casque à touffe de poils rouges, et tient le disque du soleil orné du coq. La femme, les mains jointes, doigts allongés, a le disque de la lune sur son diadème, aux ornements en forme de nuages. Le personnage civil a la robe rouge, décorée du dragon à quatre griffes, est coiffé du chapeau lobé, recourbé en arrière et orné de perles. Il tient de ses deux mains, cachées sous une étoffe, le kouëï, peint en bleu. (*Voir la Planche.*)

Peinture sur soie jaunie. Les couleurs relativement passées. Deux cartouches rouges à inscription or, l'une se lisant : « l'Eunuque Tien-chen a fait » (1).

2085 — Rois dragons des palais aquatiques, et de tous les temples, le long des fleuves. Douze personnages auréolés, parmi lesquels une femme, un personnage à tête de dragon verte, un démon au corps bleu. Hormis celui-ci et deux personnages au costume militaire, les autres ont le costume civil officiel. Le principal, à ce qu'il semble, a une robe bleue, or-

(1) Traduction de M. Pelliot.

née du dragon à cinq griffes. La femme a le diadème au Fong-hoang, et tient le kouéï. Les hommes en civil ont des coiffures plus ou moins différentes. Trois d'entre eux tiennent le kouéï, deux autres, dont un a le visage brun, tiennent le hou. Des trois qui restent, l'un a sa main passée dans la ceinture, les autres ont leurs mains réunies sous leurs manches. Le personnage au visage brun et ces trois derniers, ont une fleur de pivoine sur leur chapeau. Des deux en costume militaire, l'un tient une épée de sa main droite et des flammes s'échappent de sa main gauche; le second, dont la coiffure est un casque à panache rouge, tient à deux mains une hache à long manche. Le démon au corps bleu, a la tête surmontée de deux petites cornes, deux touffes de cheveux rouges s'élèvent au-dessus de ses oreilles; il a une peau de tigre sur les épaules, une écharpe passe en travers sur sa poitrine; ses reins et le bas de son corps sont revêtus de vêtements superposés et flottants, qu'une peau recouvre; le milieu de sa poitrine, le bout de ses seins proéminents, le milieu de son ventre, la face interne des muscles de ses bras, sont peints en rouge. Il tient la longue massue aux dents de loup. Dans le bas du tableau et en haut, des volutes simulent des flots.

Peinture sur soie. Un cartouche avec inscription or. Epoque moderne.

2086 — ROIS DRAGONS DES CINQ LACS ET DES QUATRE MERS. Dix personnages debout, parmi des flots et tous auréolés. Quatre ont des têtes de dragon : verte, bleue, rouge, marron. Cinq ont des têtes humaines, mais avec cette particularité que, de chaque côté de leur nez, au-dessus de leur moustache se voit une fine mèche ondulée, effilée. Trois parmi ceux-ci ont deux petits crocs. Au milieu du groupe et en bas, le dixième personnage, à visage tout à fait humain, est revêtu d'une robe ornée du dragon à cinq griffes et coiffé du *mien*. Il tient le kouéï. Les quatre personnages à tête de dragons, coiffés, au sommet de la tête, d'un petit chapeau à bords relevés, — orné, pour l'un d'eux, de deux cornes, — tiennent aussi, mais d'une main, le kouëï; trois de ces kouëï peints en bleu, celui tenu par le dragon a la coiffure ornée de cornes, est peint en vert. Les autres personnages tiennent également le kouëï peint en bleu, l'un d'une main, les autres des deux qu'ils placent chacun de façons différentes. Dans le bas du tableau, quelques volutes de flots.

Peinture sur soie, avec cartouche à inscription d'or. Epoque moderne.

2087 — Prince qui surveille jour et nuit l'eau et le feu. Six personnages dont quatre hommes : trois en costume militaire, un en costume civil et deux femmes. Ceux en costume militaire ont pour coiffure une petite couronne placée au sommet de leur tête, surmontée du disque, pour deux d'entre eux, et d'une sorte d'aigrette étoilée pour l'autre; le militaire à l'aigrette tient de la main droite une lance et fait de la main gauche, ramenée devant sa poitrine, un geste : l'index levé, les autres doigts pliés. Les deux autres tiennent l'épée d'une main et du pouce et de l'index réunis de leur autre main s'élève pour l'un un volute d'eau, supportant un disque au koa de l'eau ; pour l'autre une flamme dans laquelle se voit un disque au koa du feu. Le personnage en civil tient de la main droite un disque rouge (le soleil), de la main gauche un kouëï. Une des femmes tient à deux mains un disque blanc, la lune, l'autre tient une pivoine.

Peinture sur soie, cartouche à inscription or. Époque moderne.

2088 — Femme de second rang, de l'empereur (1)... Quatorze personnages, debout, auréolés, entourés de nuages. Douze sont des femmes, deux des adolescents. Parmi les femmes neuf, qui ont toutes le diadème orné d'une perle flamboyante, prient les mains jointes, doigts allongés. Une autre qui paraît être la principale est revêtue d'une robe décorée du Fong-

---

(1) Le nom de Tien Feï, qui figure sur le cartouche, peut être celui de la déesse des eaux. E. D.

hoang, et sa haute coiffure est surmontée de ce même animal ; elle tient le kouéï, devant elle, de ses deux mains cachées sous une étoffe. La onzième, à coiffure moins importante, mais cependant surmontée du Fong-hoang, tient également de la même manière le kouéï. La douzième, au diadème simplement orné de perles, tient de ses deux mains cachées sous une étoffe une sorte de porte-calotte (?) posé sur un plateau. Les deux adolescents sont coiffés de la calotte hémisphérique, relevée en arrière et à ailettes. L'un tient le sceau enveloppé, l'autre le Jou-i.

Peinture sur soie. Époque moderne.

Génies et Esprits

2089 — Génies des céréales, fleurs, fruits. Dix-huit personnages auréolés, debout et entourés de nuages. Six en costume civil officiel chinois, tenant le kouéï. L'un d'eux a sa robe ornée de dragons à cinq griffes et pour coiffure, le *mien*. Deux autres personnages ont une tête de dragon : l'une, bleue, surmontée de deux cornes, l'autre, brune, sans cornes ; l'un et l'autre ont les mains réunies, les doigts pliés. Un neuvième personnage a une tête de mouton, deux bras sortent de ses yeux et les mains de ces bras, sont chacune ornée d'un œil dans la paume. Un dixième a une tête de tigre ; un onzième une tête d'oiseau, et ces deux derniers ont les mains jointes, comme les personnages à têtes de dragons. Viennent ensuite : une vieille femme, les mains cachées par les manches de sa robe ; une jeune femme, tenant un petit rocher ; une autre femme, tenant une fleur de pivoine ; un personnage à moustache et barbiche blanches, au chapeau noir à bords relevés, qui tient un long bâton ; un autre, au visage brun foncé qui tient un vase d'où sort un nuage ; un autre, au costume militaire, a la tête surmontée d'une étoffe nouée, dont les extrémités se redressent comme des cornes, tient d'une main l'épée, et de l'index dressé de son autre main, s'élève un petit nuage que surmonte une pile de livres. Enfin, le dernier personnage tient de sa main droite un bâton (?), dont l'extrémité inférieure pose sur la paume de sa main gauche, ramenée devant sa poitrine.

Peinture sur soie. Deux cartouches, l'un avec inscription, l'autre sans. Epoque moderne.

2090 — Différents genies. Neuf personnages, au milieu des nuages. Cinq en costume civil officiel, un en costume militaire, tête nue ; les trois autres sont les serviteurs des premiers. Un des personnages en costume civil, a une robe bleue, décorée du dragon à cinq griffes, et a pour coiffure, le *mien* ; il tient le kouëi. Un second, en costume civil, ne diffère du premier, que par la couleur de sa robe qui est rouge, elle est aussi décorée du dragon à cinq griffes; au lieu de tenir le kouëi les mains nues, il le tient les mains recouvertes d'une étoffe. Le troisième civil a une robe verte, un chapeau à côtes, orné de perles, et tient le kouëi de ses deux mains nues. Le quatrième tient le kouëi de même manière, sa robe est jaune, sa coiffure est à deux étages quadrangulaires. Le cinquième tient le hou (peint en blanc); sa robe est violette, son chapeau est à deux étages quadrangulaires et à cordons s'étendant et se relevant en arc de chaque côté de sa tête. Le militaire a pour tout ornement de tête, un bandeau d'étoffe rouge, noué par derrière; il est pieds nus et tient à deux mains devant lui, une masse côtelée à long manche. . Les serviteurs sont, d'abord, deux personnages costumés en civils, aux mains et visages colorés, l'un bleu à barbe et cheveux rouges et à crocs sortant de sa bouche ; l'autre brun ; ils sont coiffés de la calotte hémisphérique, relevée en arrière, avec ailettes pour le brun, sans ailettes pour le bleu ; tous deux tiennent un rouleau. Le troisième serviteur en costume militaire, tient à deux mains une hache à long manche, à laquelle est suspendue une longue queue de tigre.

Peinture sur soie. Un cartouche rouge à inscription or. Epoque moderne.

2091 — Des esprits. Six personnages debout. Deux sont en costume militaire, les autres en costume civil officiel. L'un des personnages en costume militaire a le visage et les mains rouges. Il tient celles-ci réunies, les doigts pliés devant sa poitrine. Sa coiffure est une sorte de diadème bas qui se recourbe en arrière. L'autre militaire, au visage et aux mains brun-rouge, tient devant lui, en travers, une hache à long manche. Sa coiffure est le casque surmonté d'une touffe de crins rouges. Les personnages en civil sont: — un jeune homme imberbe, coiffé de la calotte qui se relève par derrière ; ses deux mains sont cachées dans les manches de sarobe bleue ; — un vieillard à barbe blanche, il tient ses deux mains l'une dans l'autre devant lui, le pouce gauche passant devant le pouce droit ; sa robe est vert pâle ; sa coiffure est une sorte de chapeau quadrangulaire plié en arrière et aux bords relevés ; — un adulte à barbe et barbiche tenant à deux mains devant lui un kouëi peint en bleu ; sa robe est noire, sa coiffure est un chapeau orné à bandeau circulaire, surmonté devant d'un ornement en accolade. Le sixième est également un adulte ; il tient un hou (peint en blanc) devant son visage ; sa robe est violette ; sa coiffure est un haut chapeau à deux étages quadrangulaires.

Peinture sur soie jaunie aux couleurs relativement passées. (*Voir la Planche.* Deux cartouches à inscription d'or : l'un donnant le nom de celui qui a peint. Epoque Ming.

2092 — ESPRITS DE MÊME ORDRE QUE LES PRÉCÉDENTS. Six personnages. Les mêmes que sur le tableau 2091, sauf que le personnage à la robe bleu a de la barbe.

Peinture sur soie jaunie aux couleurs relativement passées. Un cartouche à inscription or. Epoque Ming.

2093 — DIVERS ESPRITS. Six personnages debout, deux sur le devant et en dehors du nuage qui entoure les autres. Ces deux personnages ont le visage de couleur : l'un rouge, l'autre noir ; ils sont tous deux en costume militaire ; le rouge tient une épée de sa main droite, et de sa main gauche, qui fait un geste, s'élève un nuage supportant une pile de livres ; le noir tient à deux mains devant lui un vase. Le troisième person-

COLLECTION CHINOISE

nage qui est représenté au milieu et derrière ceux qui viennent d'être décrits est aussi en costume militaire, il porte une petite couronne au sommet de sa tête; il tient de sa main droite des épis; de sa main gauche un objet dont pend un anneau dans lequel passe un ruban. Les trois derniers sont: deux femmes et un homme. Celles-là tiennent l'une une branche de corail, l'autre un petit rocher sur une étoffe. L'homme est vêtu d'une robe verte, coiffé du chapeau bordé de perles au sommet; il tient le koueï.

Epoque moderne.

2094 — Des génies. Six personnages à robes et coiffures chinoises. L'un à robe jaune tient à deux mains devant lui le koueï; il est coiffé du *mien*. Le second, à robe rouge, tient également le koueï; il a la coiffure côtelée, ornée de perles. Le troisième a le visage et les mains rouges; sa robe est bleue, sa coiffure est semblable à celle du personnage précédent, et il tient aussi le koueï. Le quatrième à robe rouge, à coiffure à deux étages quadrangulaires et à cordons se tenant raides à droite et à gauche, tient le hou. Le cinquième ne diffère du précédent que par la couleur de sa robe qui est verte. Le sixième, qui est imberbe, alors que tous les autres ont de la barbe, a la coiffure aux bords relevés en arrière; sa robe est rouge et il tient le hou.

Peinture sur soie jaunie. Deux cartouches à inscription or. L'un d'eux donnant le nom de celui qui a fait. Epoque Ming.

Régents, Saints, Messagers célestes

2095 — Saints du ciel. Dix personnages debout, la tête auréolée: quatre hommes, six femmes en robes et coiffures chinoises. Un homme à robe rouge décorée de grues est coiffé du *mien*, et tient le koueï de ses mains recouvertes d'étoffe. L'autre a une robe jaune, la même coiffure que le premier et tient de même manière le koueï. Le troisième, à robe verte, tient le hou (peint en blanc); sa coiffure est le chapeau qui se relève en arrière que tient une épingle passant en travers. Le quatrième tient le kouëï, sa robe est violette; sa coiffure est une petite couronne placée au sommet de sa tête et surmontée par une crosse de Jou-i. Les six femmes ont toutes leurs mains jointes, les doigts allongés; elles ont pour diadème, une sorte de bandeau festonné en nuages au milieu duquel s'élève pour cinq d'entre elles une perle flamboyante.

Peinture sur soie, cartouche à inscription or. Époque moderne.

2096 — Trois régents et quatre saints. Groupe de sept personnages auréolés debout et entourés de nuages, vêtus d'amples robes à larges manches tombantes et de couleurs variées, le plus souvent sans décor. La robe d'un personnage au milieu dans le bas du tableau est décorée du dragon à cinq griffes. Une écharpe se voit tombant de leurs épaules. Six ont la coiffure haute, côtelée, rejetée en arrière, surmontée de six perles au sommet et portant, sur le devant, un ornement quadrangulaire sur des enroulements de nuages. Un porte une coiffure différente de forme plus basse. Tous tiennent le kouëï peint en bleu, celui du personnage à la robe décorée de dragons est vert.

Peinture en couleurs sur soie. Deux cartouches rouges à inscriptions or. L'un donnant le nom de celui qui a peint. Au dos, cachet noir au nom du temple de Yao-wang. Époque moderne.

2097 — Différents saints. Sept personnages auréolés. L'un, au corps brun à buste demi-nu, tient une défense d'éléphant. L'autre tient une branche de corail. Le troisième, une perle d'où sort une flamme. Le quatrième, qui est un vieillard, tient un petit rocher. Le cinquième tient une corne noire. Le sixième, qui est une femme, une mandoline. Le septième, une conque où se voit une perle au milieu de flammes multicolores.

Peinture sur soie. Un cartouche à inscription dorée. Époque moderne.

2098 — Messagers célestes. Dans les nuages, debout ou chevauchant, différents animaux, des messagers célestes portent des planchettes ou des livres sur lesquels sont des inscriptions et qu'ils semblent avoir reçues d'une femme qui se voit en haut du tableau à la porte d'un palais. Sur terre des personnages regardent les messagers et deux d'entre eux ont déjà reçu, l'un et l'autre, une tablette du genre de celles que tiennent les messagers. Parmi ceux-ci, l'un est sur un coq, un autre sur un cheval, un troisième sur un dragon. Deux sont debout sur des nuages. Parmi les personnages qui sont dans le bas du tableau l'un, à robe rouge et coiffure à deux étages quadrangulaires, tient le hou ; un autre, un vieillard est escorté par un enfant qui lui tient son bâton ; un autre a le visage rouge et est coiffé de la calotte hémisphérique relevée en arrière.

Peinture sur soie aux couleurs relativement passées. Cartouche à inscription or incomplète. Époque Tsing.

Différents personnages infernaux

2099 — Vingt-quatre présidents des enfers ? (en deux tableaux). Groupe de douze personnages chinois debout en costume officiel civil, regardant à gauche, et tenant tous à deux mains, devant leur visage, le hou.

Tous ont de la barbe. Leurs robes sont rouges, bleues, vertes, violettes, à ornements dorés. Tous ont pour coiffure le chapeau à deux étages quadrangulaires et à deux rubans, se tenant raides de chaque côté. Quatre ont les mains et le visage plus ou moins rouges, et trois de ceux-ci ont les yeux plus ronds que les autres personnages, le blanc de l'œil d'un blanc vif, donnant une fixité plus grande à leur regard.

Peinture sur soie jaunie aux couleurs relativement passées. Un cartouche à inscription d'or. Epoque Ming.

2100 — Le pendant du tableau précédent. Douze personnages chinois, debout, en costume officiel civil, regardant à droite, et tenant tous, à deux mains, devant leur visage, le hou. Tous ont de la barbe. Leurs robes sont rouges, vertes, bleues, orange. Tous ont pour coiffure la même que celle des personnages du n° 2099, sauf que les rubans, au lieu de se tenir horizontaux, se courbent en arc vers le sommet du chapeau.

Peinture sur soie, jaunie, en couleurs relativement éteintes. Cartouches rouges à inscription or. L'un indiquant le sujet, l'autre donnant le nom de celui qui a peint le tableau. Epoque Ming.

2101 — Présidents des enfers (?). Six personnages chinois, debout, en costume officiel civil, isolés les uns des autres. Ils tiennent tous, à deux mains, le hou devant leur visage. L'un d'eux a le visage rouge. Leurs robes sont : gris violacé, rouge, vert, bleu, à ornements d'or. Leur coiffure est la même que celle des personnages du tableau 2099.

Peinture sur soie jaunie. Cartouche à inscription en noir. Au dos, le cachet désignant le temple de Yao-wang. Epoque Ming.

2102 — Des fonctionnaires de l'enfer ? ? — Deux groupes, l'un de six personnages, l'autre de sept, séparés par un nuage.

Les personnages du premier groupe sont auréolés, sauf un, et représentés, à part celui-ci, plus grand que ceux du second groupe qui occupe d'ailleurs le haut du tableau. Les cinq auréolés tiennent le kouëi. L'un a le visage et les mains marron ; il a une robe noire, décorée de dragons à cinq griffes et sa coiffure est le *mien*. Un autre, qui fait une grimace, a une robe rouge, également décorée du dragon à cinq griffes. Un autre, une robe rouge, décorée de grues et de nuages. Le quatrième, une robe bleue décorée de pivoines. Le cinquième, une robe verte, décorée de nuages. De ces quatre derniers, trois ont pour coiffure le chapeau côtelé orné de perles ; la coiffure du quatrième a disparu dans une déchirure du papier. Le sixième personnage de ce groupe est un jeune homme coiffé de la calotte hémisphérique à ailettes. Il tient sur une coupe un objet qui semble être un porte-calotte :

une boule surmontant une colonnette ornée. Les sept personnages du second groupe sont tous, sauf un, coiffés de la calotte hémisphérique à ailettes et tiennent un rouleau, d'où sortent des lanières de papier. Le septième a la coiffure à deux étages quadrangulaires et tient un hou (peint blanc).

Peinture sur soie. Un cartouche rouge à inscription or. Epoque Tsing.

2103 — CHEFS BOURREAUX DES ENFERS. Neuf personnages à figures plus ou moins horribles à la porte d'un enfer et entourés de nuages. L'un, au corps et au visage bleus, aux cheveux rouges dressés en touffes au-dessus de ses oreilles et derrière sa tête, qui est surmontée de deux cornes; le bout de son nez, le milieu de sa poitrine, ses seins, son ventre, la partie interne de ses bras, des mains, de ses jambes sont peints en rouge, comme ensanglantés; il tient d'une main un bâton en haut duquel un serpent est enroulé; il fait un geste de l'autre main. Un autre personnage au corps et à la tête rouges, tient d'une main un couperet, de l'autre un serpent. Un autre, le bras gauche passant devant sa poitrine, semble montrer le ciel de la main de ce côté, son index dressé, les autres doigts pliés; son autre main tient une masse hérissée de dents. Le quatrième personnage, au visage marron, tient à deux mains devant lui une masse à tête ronde. Le cinquième tient un long bâton. Le sixième, au corps et à la tête brun violacé, celle-ci surmontée de deux petites cornes, tient un serpent. Le septième, à tête de bœuf, tient un trident. Le huitième, au corps et à la tête verts, celle-ci aux cheveux rouges hérissés et surmontée de deux cornes, tient une pique au-dessous de laquelle est une houppe. Le neuvième, au corps rougeâtre, au front ceint d'un anneau qui supporte un disque, tient une hache.

Peinture sur soie. Un cartouche à inscription rouge. Epoque moderne.

2104 — DIVERS SUPPLICIÉS ET DEUX FONCTIONNAIRES DES RÉGIONS INFERNALES dont celui à tête de bœuf, devant une des portes de l'enfer, au-dessus de laquelle sort un serpent vomissant des flammes. Dans le haut du tableau, à gauche, un dieu vert debout, à deux têtes, six bras et deux jambes ; il a le troisième œil au milieu du front ; ses cheveux rouges s'élèvent en deux touffes au-dessus de ses oreilles ; il a l'écharpe et différentes jupes et draperies lui couvrant les reins ; de ses mains droites il tient : la lune, une épée, un couteau à large lame ; de ses mains gauches : le soleil, l'arc, le lacet. En bas du tableau différents animaux, dont l'éléphant, le cheval, le chameau.

Peinture sur soie. Un cartouche sans inscription. Epoque Tsing.

Les Actes méritoires]

2105 — Différents actes méritoires. Cinq groupes de personnages : 1° Un personnage au visage rouge, revêtu du costume militaire, tient un sabre de la main droite ; de sa main gauche dont l'index est dressé, il semble donner des indications à un autre personnage en civil, qui fait d'une main un geste d'effroi et de l'autre tient un bâton. Auprès, un troisième personnage tient un bâton et un rat, un autre a le faucon sur le poing. Un chien complète ce groupe ; 2° Un personnage en costume militaire, tient une hache à long manche ; derrière lui son serviteur tient un fauchard. Auprès une femme tient une corbeille et à ses pieds un long serpent à tête humaine bleue, se redresse ; 3° Un guerrier blessé, porté par deux soldats ; devant lui deux autres soldats portent l'un un étendard dont la hampe est brisée ; l'autre un fanion ; derrière deux individus portent l'un le carquois et l'arc, l'autre une lance, dont la hampe, comme celle de l'étendard, est brisée ; 4° Devant la porte de l'enfer, Maud-gal-ya-yana tenant le sistre et le pâtra s'avance vers une femme, qui a la cangue, pour lui offrir à boire. Auprès est le fonctionnaire des enfers à la tête de bœuf ; 5° un homme et une femme, ont leur cou passé dans les deux trous de la même cangue, et sont escortés par deux démons.

Peinture sur soie. Cartouche et inscription d'or devant chaque groupe. Epoque moderne.

2106 — Scènes analogues a celles du tableau précédent, avec quelques modifications de détail. La scène au guerrier blessé, par exemple, ne comporte devant ce dernier qu'un serviteur : le porte-drapeau et derrière lui, vient un cheval. A la porte de l'enfer, la malheureuse à la cangue souffle des flammes et Maud-gal-ya-yana lui offre à boire à l'aide d'une cuillère. Le personnage voisin au lieu d'être le fonctionnaire à la tête de bœuf, est un démon cornu au corps bleu, aux cheveux rouges, qui, de sa main droite, tient les anneaux de la porte de l'enfer.

Peinture sur soie. Epoque moderne.

Les Châtiments

2107-2108 — Les châtiments. Deux tableaux, représentant en plusieurs registres différentes scènes expliquées par un cartouche rouge à lettres d'or.

2107. Trois individus sous un toit écroulé. Un mandarin à cheval, poursuivi par un individu presque nu, qui tient par les cheveux sa tête détachée de son tronc. Un jeune homme tombé à plat ventre, une hache est auprès de lui. Quatre personnages, une femme aveugle, debout, tenant un pâtra, un homme également debout, appuyé sur une béquille, un homme agenouillé, semblant appuyer ses mains sur de petits tabourets, l'aidant à se traîner à quatre pattes ; un autre homme bossu, tenant un éventail. Trois personnages au pied d'un arbre : une jeune femme envoyant un filet de sang de sa bouche dans un bol qu'elle tient de la main gauche ; une autre plus vieille, tirant la langue, l'air stupide ; un homme, le buste demi-nu, tient un sabre à la main et la regarde. Un individu aux yeux terribles, en tirant un autre, au buste nu, qui tient par les cheveux sa tête détachée de son tronc. Un autre, à mi-corps dans les vagues, tenant hors de l'eau, une tablette où sont dessinées des moires.

2108. Un homme couché sur le dos, sa tête reposant sur un ballot, tandis qu'un autre homme accroupi s'appuie des deux coudes sur le ventre du premier; derrière le groupe, un paquet posé à terre, et un bâton. Trois personnages, le buste peu vêtu, se regardant ; l'un va boire dans un bol, les deux autres croisent leurs bras. Une famille composée du papa, portant un bébé sur son dos, de sa femme, et d'un second bébé venant derrière eux. Deux hommes, deux femmes ; l'un des hommes, le buste nu, tient un écran, le second, vêtu d'une veste très ouverte, tient un éventail ; une des femmes tient un bol et un écran. Un personnage, ayant l'aspect de certains auxiliaires des dieux des régions infernales poursuit un individu qui laisse tomber dans sa course, son paquet, son bâton, et une sorte de bêche? Trois personnages vomissant des flammes, l'un bleu (1), aux cheveux rouges, au ventre ouvert tient sans doute un crâne. Derrière ce groupe, trois autres personnages vêtus de jupes et manteaux de feuilles ; un arbre a poussé sur la tête de l'un deux. Derrière les barreaux qui ferment une maison dont on ne voit qu'une petite partie, deux personnages.

Peintures sur soie jaunie. Un cartouche à inscription incomplète. Epoque Tsing.

Ames errantes

2109 — Ames errantes tourmentant les vivants qui les ont offensées. Groupe représentant une scène de pugilat, où se voit un personnage rouge, un poignard à la main, tenant un individu par les cheveux. Un individu furieux en tirant un autre par les oreilles. Une femme tenant un enfant sur son bras et de sa main libre tirant un homme par sa barbiche. Enfin, semblant s'éloigner du groupe, une femme ou un jeune homme tirant la langue et tenant sa main levée un livre ou des feuillets de forme oblongue. A droite de la scène

(1) Voir n° 2152.

COLLECTION CHINOISE

deux arbres, l'un couvert de fleurs jaunes et rouges, l'autre plus élevé couvert d'un feuillage sombre.

Peinture sur soie jaune avec couleurs relativement passées Deux cartouches rouges l'une à inscription or, l'autre à l'encre de Chine. Au dos le cachet au nom du temple de Yao-wang. Epoque Ming.

Divers personnages

2110 — Les trois religions, les quatre professions, les neuf systèmes philosophiques. Tableau ne différant du n° 2045 que par quelques détails : La couleur des vêtements n'est pas la même, un des personnages au lieu de tenir le kouëi tient le hou. Celui qui tient l'équerre ici porte aussi, sur son dos, un panier où se voient une hache et une scie.

Deux cartouches rouges à inscriptions or. L'un donnant le sujet, l'autre le nom de celui qui a exécuté ou fait exécuter la peinture. Au dos un cachet noir mentionnant le temple de Yao-wang.

2111 — Réunion de femmes sages, de filles vertueuses, de filles pieuses, de filles obéissantes. Quatorze personnages non auréolés : cinq sont des hommes, six sont des femmes, deux des adolescents, le dernier un enfant. Parmi les hommes l'un tient un lingot, l'autre une pousse de bambou, le troisième, une statuette de personnages assis, le quatrième, un poisson, le cinquième un sabre et une tête coupée. Les adolescents tiennent, l'un un écran, l'autre le sceau enveloppé. Des femmes, l'une tient le kouëi, l'autre la hache, une autre le kin, (instrument de musique), un autre le sabre et une bande d'étoffe, la cinquième qui porte un paquet en bandoulière, s'appuie sur un long parapluie ; la sixième a ses mains cachées dans ses manches.

Peinture sur soie. Époque moderne.

2112 — Divers fonctionnaires. Sept personnages non auréolés. Leurs robes ne tombent pas jusqu'à terre et découvrent une partie des bottes dont ils sont chaussés. Tous ont sur la poitrine un plastron oblong, diversement décoré. La coiffure de six d'entre eux est une sorte de calotte hémisphérique, un peu relevée en arrière, comme faite d'une étoffe souple et qui porte sur le devant un disque rouge. La coiffure du septième personnage est la calotte hémisphérique ordinaire, relevée en arrière, celui-ci a le plastron décoré de la grue au milieu des nuages; il tient ses mains devant lui, les doigts pliés de l'une recouvrant l'autre. Un des autres personnages a le plastron décoré de fleurs de pivoines et tient une masse ovale à long manche. Deux encore tiennent une masse analogue, le plastron de l'un décoré de nuages, le plastron de l'autre, dont le visage est marron, est décoré d'un dragon, un personnage au visage bleu et cheveux rouges tient une masse ronde; son plastron est décoré d'un quadrupède fantastique. Les deux derniers personnages font différents gestes de leurs mains : l'un, au plastron décoré de fleurs de lotus, tient la paume de sa main droite dans sa main gauche; l'autre, au plastron décoré de la grue volant parmi les nuages, tient ses mains l'une sur l'autre, les doigts pliés.

Peinture sur soie. Époque moderne.

Sujets non désignés

2113 — SANS DÉSIGNATION. Neuf personnages parmi les nuages. Cinq ont la tête auréolée. Les autres, parmi lesquels une femme et un personnage à tête de chèvre, sont des auxiliaires. Sauf ce dernier qui a le costume militaire, tous les autres sont en civil. Un des personnages auréolés a une robe bleue décorée du dragon à cinq griffes et le *mien*; il tient le kouëi. Les quatre autres tiennent également le kouëi, leurs robes sont rouge, verte ou jaune; les coiffures de trois d'entre eux sont à peu près semblables, à bords relevés en arrière; la coiffure du quatrième est à côtes et ornée de perles. Parmi les auxiliaires l'un, à robe verte, à coiffure à deux étages quadrangulaires, tient le hou (peint blanc); un autre à robe violette, qui a pour coiffure une étoffe drapée sur sa tête et dont deux extrémités se relèvent formant comme des cornes, tient une bannière; celui à tête de cheval tient un fauchard; la femme tient un vase.

Peinture sur soie jaunie. Un cartouche à inscription or. Le personnage à tête de cheval semble indiquer que nous sommes en présence de fonctionnaires des régions infernales. Époque Tsing.

2114 — Sans désignation. Groupe de treize personnages. Huit en costume civil, trois avec la cotte de mailles, parmi lesquels deux sont tête nue et le troisième a la tête ornée de façon particulière; deux divinités tantriques. Cinq des personnages, costumes civils chinois, tiennent le kouéï peint en bleu; l'un porte une robe ornée d'un semis de grues dessinées en cercle et de nuages multicolores, sa coiffure est le chapeau fait d'un bandeau surmonté en avant d'un ornement en accolade et dont le fond, élevé et rejeté en arrière, est orné de perles au sommet; le second a une robe jaune et la même coiffure que le précédent; le troisième a une robe verte et sa coiffure est à peu près semblable à celle des deux premiers, mais plus basse; le quatrième a une robe bleue, décorée de nuages; sa coiffure est quadrangulaire à deux étages, l'étage de devant plus bas surmonté au-dessus du front d'une sorte de diadème; le cinquième a le *mien*. Deux autres personnages en civil tiennent le hou (peint en blanc); l'un a une robe violette, son chapeau est à deux étages quadrangulaires et à cordons qui se tiennent raides de chaque côté des tempes; l'autre a une robe bleue, son chapeau à peu près de même forme que celui du personnage précédent est très orné, n'a pas d'ailettes, et est fixé sur la tête par une épingle. Enfin, le dernier personnage de cette série a les mains et le visage rouges, sa robe est verte, sa coiffure est une calotte ronde se relevant en arrière et projetant deux ailettes à droite et à gauche de sa tête; il tient verticalement un rouleau duquel, en haut, sortent des bandelettes de papier. L'un des deux personnages a la cotte de mailles et a la tête nue et tient de la main droite le sabre et de sa main gauche son index, dressé au-dessus des autres doigts pliés, montre le ciel. Le second personnage tête nue a un troisième œil au milieu du front, il tient un sabre de la main droite et de son annulaire, dressé au-dessus de ses doigts pliés, sa main étant placée horizontalement la paume en l'air, il montre aussi le ciel. Le troisième personnage à cotte de mailles a pour coiffure une bande d'étoffe nouée sur le milieu de son front et dont les extrémités se relèvent en formant deux cornes, le milieu du nœud étant orné d'un disque; il fait un geste particulier de ses deux mains réunies devant sa poitrine : ses doigts sont pliés les uns sur les autres, sauf un des petits doigts redressé en l'air. Les divinités tantriques ont chacune trois yeux : l'une, au visage rouge, a pour coiffure une petite couronne peu élevée et s'enroulant en arrière ; elle a huit bras, deux élevés au-dessus de sa tête tiennent, se faisant pendant, le disque du soleil et celui de la lune ; de ses six autres mains, quatre tiennent une flèche, une hallebarde, un sabre, un objet quadrangulaire ; la cinquième ne semble pas avoir d'attribut ; la sixième est complètement cachée derrière un des autres personnages. La seconde divinité tantrique est de couleur brune foncée, sa tête est surmontée par une tête plus petite, au visage blanc ; elle a six bras, deux élevés au-dessus de sa tête, dont les mains tiennent, à droite un livre, à gauche la clochette ; deux autres de ses mains sont réunies devant sa poitrine, les doigts pliés de l'une sur les doigts pliés de l'autre, un petit doigt restant seul dressé ; la cinquième main, à droite, tient le sabre, la sixième, à gauche, tient le lacet.

Peinture sur soie. Deux cartouches rouges sans inscriptions. Époque moderne.

2115 — Sans désignation. (Peut-être les esprits des éléments (?) Quinze personnages debout parmi les nuages. Quatorze sont auréolés, le quinzième est une femme non auréolée et représentée plus petite que les autres. Les quatorze personnages sont : une femme, quatre personnages à figures de dragon : bleu, marron, rouge, vert; deux personnages à bec d'oiseau, deux autres à têtes humaines plus ou moins effrayantes, colorées l'une en rouge, l'autre en bleu ; celle-ci à cheveux rouges. De ceux qui restent : l'un a une robe violette, décorée du dragon à cinq griffes et le *mien* ; il tient le kouëï ; un autre à robe verte et à coiffure à bord relevé en arrière tient également le kouëï ; un autre à robe bleue, a une petite couronne sur le sommet de sa tête et ses deux mains sont cachées dans ses manches; un autre à robe rouge et calotte hémisphérique relevée en arrière, sur laquelle est noué un ruban, dont les extrémités se redressent comme des cornes, tient une bannière; un autre à robe bleue, coiffé d'une calotte d'étoffe nouée en arrière, tient de sa main droite une gourde d'où sort un nuage ; la femme tient de chaque main un disque enrubanné, ainsi que le fait la déesse des éclairs. — Le personnage à tête humaine rouge porte au-dessus de son front un étroit bandeau orné d'un disque, flanqué de deux sortes de cornes et derrière lequel les extrémités d'un ruban flottent en l'air ; il tient sur son épaule une longue queue de tigre. Le personnage à tête humaine bleue et à cheveux rouges a un troisième œil au milieu du front; il a une robe verte, est coiffé de la calotte hémisphérique relevée en arrière, et tient d'une main le pinceau d'où sort une flamme; de l'autre un rouleau. — Les quatre personnages à tête de dragon, dont trois ont au sommet de la tête une petite couronne, ornée de deux cornes, et dont le quatrième est coiffé d'un chapeau aux bords relevés, tiennent tous le kouëï. — Les personnages, à bec d'oiseau, ont le troisième œil au milieu du front, et tiennent tous d'eux, d'une main, un petit maillet, de l'autre une sorte de gros clou : emblèmes qui se voient dans les mains du dieu de la grêle. Dans le haut du tableau, une guirlande de cinq petits tambours entourés de flammes.

Peinture sur soie au cachet rouge, sans inscription. Époque moderne.

2116 — Sans désignation. Tableau dont la partie supérieure manque, et où étaient vraisemblablement représentés douze personnages. Huit seulement se voient en entier. Ils tiennent tous le hou, mais de façons différentes, soit d'une main, soit de deux mains, soit droit, soit incliné. Deux ont le visage coloré en marron plus ou moins foncé, leur coiffure est le chapeau à deux étages quadrangulaires et à ailettes, légèrement arquées vers le haut. Un des personnages a une robe bleue ornée de grues en cercle et de pêches. Un autre a une robe rouge à plastron décoré de la grue debout sur un rocher, une patte en l'air.

Peinture sur soie. Époque moderne.

2117 — Six Tsouen-Tien (1) et deux de leurs serviteurs. Trois en costume militaire ont leur tête entourée d'une auréole enflammée ; l'un a le visage brun et tient en travers sur ses bras une hache ; le second a le visage jaune pâle, tient d'une main le stûpa, de l'autre la hallebarde, et derrière lui son serviteur tient une oriflamme ; le troisième, au visage rosé, tient l'arc de ses deux mains ; son serviteur, un démon vert, tient une bannière ? enveloppée, un personnage en costume civil et chapeau aux bords redressés en arrière, tient le kouëi. Deux femmes : l'une tient une fleur de pivoine, l'autre a huit bras et tient la cloche, la hache, le sabre, la hallebarde, la roue enflammée, la planche à marquer sur laquelle se voit un caractère ; deux de ses mains ramenées devant sa poitrine sont jointes les doigts allongés.

Peinture sur soie. Epoque moderne.

2118 — Vingt personnages entourés de nuages et au-dessous desquels se voient un dragon à quatre griffes, un Fong-hoang et une grue. Ces personnages sont de bas en haut et de gauche à droite : Un homme à barbe blanche, dont la robe est décorée de nuages et de grues ; il tient un éventail fermé. Auprès de lui est un jeune garçon, et non loin un jeune homme portant sur ses épaules un autre garçon, plus jeune que le premier ; viennent ensuite : deux adultes, l'un avec de la barbe, l'autre sans barbe ; le premier a les mains cachées dans les manches de sa robe jaune, le second, passe sa seule main visible dans

(1) Voir les nos 2048-2051.

la ceinture haute qui entoure son plastron décoré de la grue. Une femme, les mains dans ses manches. Derrière elle sa servante, sans doute, tenant l'écran à long manche où sont représentés le soleil et la lune. Une autre femme tenant le kouëi, ses mains également cachées mais sous une étoffe. Un homme à coiffure à côtes sans perles, tenant un livre. Un vieillard a la coiffure à deux étages quadrangulaires et à ailettes; il tient le hou. Derrière lui un personnage, au visage noir, tient un plat sur lequel est un poisson. Un autre vieillard, à la barbe blanche, à coiffure conique, tient dans le pli de son bras droit une bannière faite de houppes. Un homme à coiffure faite d'un morceau d'étoffe bleu posé sur le sommet de sa tête; il tient un rouleau d'étoffe. Une femme qui tient dans son bras le kin? enveloppé. Un homme, le front ceint d'une bande d'étoffe, tenant d'une main une tête coupée, de l'autre un sabre. Une femme tenant une petite hachette. Une femme tenant un panier. Une femme portant un ballot sur son dos. Une femme tenant un petit rocher.

Peinture sur soie jaune. Deux cachets rouges sans inscription. Epoque Tsing.

2119 — Vingt et un personnages. Ils se revoient plus ou moins reconnaissables ceux du tableau précédent n° 2118. Devant le personnage auprès de qui est un jeune garçon est un adulte à la barbe noire; le plastron de sa robe est décoré du dragon. Le vieillard à l'éventail est derrière. La robe du personnage aux mains cachées dans ses manches est rouge au lieu d'être jaune; viennent ensuite, un personnage à robe noire. Un autre regardant en l'air et faisant un geste de la main droite. Deux femmes, les mains dans leurs manches. Une autre, les mains cachées également mais tenant un kouëi. Une autre tenant un enfant. Un personnage au visage rouge tenant d'une main un livre roulé, de l'autre une tête coupée. Une femme dont on ne voit pas les mains. Un homme au visage brun, tenant l'index de sa main gauche dans sa main droite. Un personnage tenant un livre. Un autre tenant le hou. Un autre portant un sabre sur son dos. Un autre tenant le livre roulé. Le vieillard au chapeau conique tenant la bannière de houppes. Un autre montrant sa poitrine ensanglantée et tenant un sabre taché de sang de sa main droite.

Peinture sur soie jaune. Avec cachet rouge sans inscription. Époque Tsing.

TABLEAUX NE FAISANT PAS PARTIE DE LA SÉRIE PRÉCÉDENTE. — GRAVURES

Çakyamuni

2120 — Çakiamuni. Assis sur un lotus élevé sur un trône étagé et devant une gloire oblongue aux bords découpés en forme de flammes et décorée d'un triple rang d'ornements : nuages, rinceaux à fleurs de lotus, vermiculures (herbe indienne. Au-dessus du dieu est un dais richement orné. Le Bouddha a les cheveux frisés. Ses mains sont dans la pose de la méditation. Ses jambes sont croisées devant lui, la plante des pieds apparente.

Peinture sur soie délicatement peinte, malgré certaines singularités d'exécution. Le visage est légèrement modelé.

Çakyamuni entre Manjouçrî et Samantabhadra

2121 à 2123 — Série de trois tableaux. Représentant Çakyamuni assis, sur un lotus. Manjouçrî assis sur le lion, tenant le Jou-y. Samantabhadra assis sur l'éléphant, tenant le livre roulé.

Grandes peintures à l'encre de chine, relevées de bistre clair sur les chairs des dieux, de bistre plus foncé sur une partie de leurs vêtements et quelques autres détails de la peinture ; de bleu sur la tête et les pattes du lion.

COLLECTION CHINOISE 185

2124 à 2126 — Trois tableaux. Représentant Çakyamuni, Manjouçrî et Samantabhadra.
Peintures en couleurs.

Çakyamuni, Amitâbha, Jambhala

2128 à 2132 — Six peintures collées sur carton. Imagerie moderne, représentant des bouddhas assis. — 2128, 2129, 2130. Çakyamuni, une main levée, l'autre à plat, la paume en l'air dans son giron. — 2131, 2132. Amitâbha, l'un avec le swastica sur sa poitrine, l'autre sans. — 2133. Jambhala.

Avalokiteçvara

2134 — Avalokiteçvara. Assis sur un animal fantastique, sorte de lion, dans le muffle allongé duquel est passé le premier anneau d'une chaîne, qu'un personnage en marche tient à deux mains sur son épaule, tirant l'animal vers la gauche. La divinité a de longs cheveux bouclés sur ses épaules, a de longues moustaches et une longue barbe, et le signe ûrna. Son front est surmonté d'un diadème où se voit un petit bouddha assis ; sa main droite pose sur son genou droit ; de sa main gauche il tient un vase dans lequel est une branche de saule ; son pied gauche repose sur un lotus ; son poignet droit est orné d'un bracelet ; a son cou pend un collier, en partie caché par son vêtement, mais dont les réseaux, chargés de pendeloques, réapparaissent au dessous de chacun de ses genoux. A gauche du dieu, Long-nou, prie dans son attitude habituelle. A sa droite, au second plan, un prêtre agenouillé, mains jointes, prie également. Enfin, derrière et à gauche du dieu, s'élève un sapin.

Bonne peinture à l'encre de Chine et en couleurs généralement pâles : brun, vert, bleu, que relève des touches plus vigoureuses de rouge et de gouache blanche ; quelques traits d'or cernent les plis et les bords de certaines parties du vêtement du dieu, et dessinent son diadème, son collier, son bracelet, et le pied, le col, l'épaulement du vase qu'il tient.

Kouan-yin

2135 — Kouan-yin. « Aux mille bras », (Sahasrapana), représentée debout, avec une tête ornée d'un troisième œil au milieu du front. Elle a vingt-quatre bras ; quatre sont ramenés devant elle et deux des mains de ces bras sont réunies dans un geste de prière, les deux autres mains tenant l'une un bol, l'autre une branche de saule ; ses autres bras sont écartés autour de son corps, et leurs mains tiennent : celles de droite, un sabre, un petit rocher, une pêche, un pic, une petite hache, une branche de corail, un sistre, un foudre à une pointe, un chasse-mouches ; celles de gauche, la lance, le lotus, le sistre, l'arc, la roue de la loi, le lacet, le champignon d'immortalité, le vase, la clochette, le livre.

Peinture en plusieurs couleurs, portant sur la droite, une inscription mentionnent la date 1771 (36ᵉ année de l'empereur Khien-long) et deux cachets.

2136 — Kouan-yin « Aux mille bras et aux mille yeux ». Elle est assise sur un lotus élevé sur un piédestal que supportent quatre gardiens du monde. Elle a huit bras ; six sont écartés de son corps et leurs mains ouvertes, la paume en avant, sont ornées d'un œil. Les deux autres bras sont ramenés devant son corps et leurs mains tiennent un disque orné également d'un œil. Devant elle, à sa droite, Yen-kouang, une des neuf déesses tenant le disque à l'œil ; à sa gauche, Mahaka-Syapa.

Peinture sur toile, assez soigneusement exécutée. Derrière, *inscriptions en tibétain*.

2137 — Kouan-yin. Assise, à six bras, son diadème orné de l'Amitâbha assis. Une de ses mains droites ramenée devant sa poitrine, tient la perle enflammée.

Impression réservée blanc sur noir. Datée de Khien-long (1736-1796).

Tchakravarti

2138 — TCHAKRAVARTI. Dieu guerrier, au visage marron, debout au milieu de nuages. Il est coiffé d'un chapeau à deux étages, dont le devant s'arrondit sur sa tête ; la partie élevée, est de forme quadrangulaire et entourée d'une étoffe nouée, aux extrémités flottantes. Le dieu tient de la main droite un sabre, dont la lame est comme formée d'anneaux dans toute sa longueur ; de sa main gauche, il tient une chaîne. Auprès de lui, se voit de profil un quadrupède à pelage noir, ayant un peu la tête d'un phoque, et montrant un croc au coin de sa bouche.

Peinture sur soie.

Les Lokapala

2139-2141. TROIS GRANDES PEINTURES. En couleurs, sur papier représentant chacune un des quatre Lokapala assis sur un rocher, la tête entourée de l'écharpe flottante.

2139. Virudhaka, au visage rouge ; sa jambe droite soutenue par un singe, la gauche par un démon à tête bleue. Il tient à deux mains l'épée.

2140. Vaisravana, au visage couleur chair, sa jambe droite soutenue par un homme jeune, sa jambe gauche soutenue par un personnage grimaçant ; Il tient de la main droite le parasol fermé, et le rat de la main gauche.

2141. Dhrita Rachtra, au visage brun ; son pied droit posé sur une tortue, sa jambe gauche soutenue par un personnage, dont la coiffure s'enroule en forme de coquillage ; Dhrita Rachtra joue de la mandoline.

2142-2145. — QUATRE PEINTURES collées sur carton.
Les quatre Lokapala, debout, la tête auréolée, à l'écharpe flottante :

2142. Virupaksa, au visage vert, à la barbe et aux cheveux rouges, tient d'une main le serpent qui s'enlace autour de son bras, de l'autre doit tenir le joyau.

2143. Virudhaka, au visage couleur chair et aux cheveux noirs, tient le sabre à deux mains.

2144. Vaisravana, au visage couleur chair et aux cheveux noirs, tient le parasol fermé.

2145. Dhrita Rachtra, au visage couleur chair, et aux cheveux noirs joue d'une sorte de mandoline.
Imagerie populaire.

2146 — QUATRE BANDES, dont une partie est décorée d'une imitation de boiserie découpée et l'autre de l'un des quatre gardiens du monde.
Imagerie populaire.

Gardiens des Portes

2147-2151 — CINQ PEINTURES représentant les gardiens des portes tenant une lanterne (Imagerie populaire).

Po-to-kong

Le Kong (seigneur) du Po-to, c'est-à-dire des offrandes, pour réconforter les âmes des morts, on l'appelle aussi Taï-Tsiong-ya, grand-père de tous, ou Koui-ong, roi des ombres, ou encore Taï-sou-ya, grand maître. Il est pour certains, dit M. de Groot, « le représentant visible de toute la région des ombres ou une incarnation de la déesse ds la grâce divine Kouan-yin » C'est lui sans doute que l'on voit sur les tableaux : 2107, 2074.

2152 — Po-TO-KONG. Assis sur un rocher au milieu des nuages. Il a la tête et le corps bleus. Son vêtement est composé d'une

(1) Fêtes annuelles à Emoui, p. 427.

écharpe qui lui couvre les épaules et flotte autour de ses bras, et d'une jupe rouge qui laisse le bas de ses jambes nu. Ses cheveux rouges s'élèvent comme des flammes au-dessus de sa tête qui est entourée d'une auréole. D'autres flammes voltigent à droite et à gauche de son cou. Il a la bouche ouverte et deux crocs se voient aux coins de ses lèvres. Ses yeux, sa gorge, le bout de ses seins, son ventre, la partie interne des muscles de ses bras et de ses jambes, les paumes de ses mains, la plante de ses pieds sont rouges. Il tient sur ses deux mains, posées dans sons giron, un fruit; sorte de pomme. Pour diadème, il a un étroit bandeau orné, au-dessus de son front, d'un crâne surmonté d'une perle. On voit trois crânes en guirlande sur sa poitrine ; ceux à droite et à gauche, retiennent une bande d'étoffe rouge, qui se noue un peu au-dessous ; celui du milieu, des pendeloques multicolores qui se relient aux bandes d'étoffe rouge. Po-to-Kong a des bracelets aux poignets et aux chevilles. Au-dessus de lui, dans un nuage qui s'élève de sa tête, et au milieu d'une auréole, un bodhisatva assis (son père spirituel), tenant d'une main un bol, de l'autre une branche de saule : c'est Kouan-yin. Devant lui, sur une table et dans de grands bols, trois pyramides d'offrandes ; au milieu, ce sont des pommes du genre de celle qu'il tient dans sa main ; à droite et à gauche, des herbes. De petits drapeaux sont piqués sur ces pyramides. Différentes scènes, dont les acteurs sont des individus presque tous au torse et aux jambes nus, simplement vêtus d'une sorte de caleçon, retenu à leur taille par une ceinture d'étoffe, se déroulent sur la table même aux offrandes et tout autour. Un de ces individus, une ombre, debout près de la pyramide de pommes, passe un fruit à un autre à moitié grimpé sur la table ; un troisième, juché sur l'épaule d'un nouvel affamé qui, adossé contre cette même pyramide, mange une pomme, essaie d'atteindre le fruit qui couronne l'édifice, tandis qu'auprès, un cinquième de ces personnages, tombe à la renverse. En bas une bataille entre deux ombres, et auprès, à terre, une écuelle brisée et des pommes. Puis, ce sont différents groupes, où l'on voit encore de ces ombres qui mangent, boivent ou fuient comme effrayées ou ont l'aspect le plus misérable : un boiteux le torse nu, les reins enveloppés d'une sorte de paillasson ; une femme au jupon troué et tenant une écuelle.

Peinture sur soie jaunie, aux couleurs relativement passées.

2153 — Po-to-kong. Représenté aussi effrayant, mais avec quelques variantes. Il est assis sur un rocher qui se redresse derrière lui en auréole. Il a le corps et la tête bleus ; ses cheveux rouges forment deux petites touffes au-dessus de ses oreilles ; sa bouche ouverte montre des crocs ; des flammes sont représentées à droite et à gauche de ses joues ; son cou est simplement représenté par les dernières vertèbres de sa colonne vertébrale ; le milieu de sa poitrine, ses seins, son ventre, sont comme ensanglantés ; de même, la partie interne des muscles de ses bras et de ses jambes, la plante de ses pieds et la paume de ses mains ; sa main droite est levée, la paume en avant ; sa main gauche, posée dans son giron, tient une sorte de pomme décorée de fleurs rouges. Il a un collier de perles à pendeloque sur la poitrine ; le haut de ses bras, ses poignets, ses chevilles, sont ornés de bracelets. Au-dessus de lui, dans un nuage qui part de sa tête, un bodhisatva assis, dans une auréole, tient un bol sur sa main gauche et fait le geste de la prédication de la main droite. Devant Po-to-kong, trois pyramides d'offrandes s'élèvent dans des bassins quadrangulaires posés à terre ; elles sont couronnées par une sorte de petit chapeau en éteignoir, surmonté d'un ornement de forme ovale ; la pyramide du milieu est faite de sorte de pommes, celle de gauche, de feuilles, celle de droite, d'une matière représentée par un pointillé inégal, blanc ; quelques petites banderolles sont plantées sur ces pyramides. Auprès d'elles, tout autour, et à différentes hauteurs, à droite et à gauche du dieu : groupes d'ombres, représentées par des individus qui ont généralement le torse nu et décharné ; quelques-unes tenant une écuelle ou un bol vide, d'autres tenant une écuelle avec des fruits sur lesquels sont piqués des banderolles analogues à celles qui se voient sur les offrandes. Un personnage, qui a voulu gravir la pyramide centrale, tombe à la renverse. Un autre, qui se dirige vers les offrandes, vêtu d'une longue robe et coiffé d'une sorte de calotte d'étoffe, tient à la main un long bâton. Dans un groupe, une femme porte un enfant. Tout en haut, dans les nuages, quelques silhouettes humaines à peine esquissées. Enfin, sur la gauche, assis devant une table, sur laquelle sont placés deux vases à fleurs, deux chandeliers, un brûle-parfum, un livre, un bol, une boîte ronde, se tient un personnage en costume de prêtre, le front ceint du bandeau aux cinq Dhyanis-bouddhas, et tenant de la main droite le vajra, de la gauche la cloche. Devant lui, de chaque côté de la table, un personnage en costume de prêtre, la tête nue, prie.

Peinture sur soie jaunie, aux couleurs passées.

2154 — Po-to-kong. Représenté avec de nouvelles variantes. Devant lui sont les trois pyramides d'offrandes avec les banderolles et les individus demi-nus, ravissant les pommes et en mangeant. Le bodhisatva assis est représenté les deux mains cachées dans son manteau.

Peinture sur papier collé sur carton.

Les Enfers

Les Chinois divisent leurs nombreux enfers en dix grandes régions, administrées par autant de rois, juges des âmes qui sont présentées à leur tribunal. Tous dix sont sous l'autorité d'un roi ou empereur suprême.

Vingt-trois peintures de cette Collection, montées en tableau, ou collées sur carton, représentent quelques-uns de ces rois. En général ils sont assis en haut et au milieu du tableau à la porte d'un pavillon ou palais, sur lequel une inscription donne leur nom et le numéro de la région qu'ils gouvernent. Ils ont devant eux ou auprès d'eux une table où se voient un livre ouvert, un ou plusieurs pinceaux, un encrier. Différents fonctionnaires les entourent : Chinois en costume civil, démons demi-nus, personnage à tête de cheval, Ma-mien (le général cheval); personnage à tête de bœuf, Mou-tou (le général bœuf). Des individus lui sont présentés, d'autres sont amenés devant un grand miroir qui reproduit leurs méfaits. En bas du tableau, on assiste à quelques-unes des tortures infligées aux coupables dans la région présidée par le juge représenté (1).

(1) Voir Dumoutier. *Le Rituel funéraire des Annamites.*

2155 — LE GRAND ROI YAMA. Entouré de différents personnages dont une femme, peut-être sa sœur qui doit juger les coupables du sexe féminin. Un couple se tient devant Yama, les mains jointes. Au-dessous : une forêt de piques sur lesquelles des démons précipitent des coupables; d'autres y sont déjà embrochés; des individus attachés dans les positions les plus douloureuses; une femme, adossée et liée à une colonne creuse d'où s'échappent des flammes et à qui un démon tire la langue avec des pinces, tandis qu'un enfant lui ouvre le ventre.

2156 — LE ROI DE LA PREMIÈRE RÉGION TAÏ KOUANG. Auprès de lui six personnages, tenant les uns le kouëi, les autres un livre, un écran, un brûle-parfum d'où s'élève une fumée. Devant lui, un personnage à tête de dragon, est agenouillé. Au-dessous, des supplices : un individu, agenouillé, a ses deux bras attachés sur sa poitrine, un démon enfonce de longs coins entre ses bras et sa poitrine, tandis qu'un autre démon lui perfore la tête avec un gros clou; personnages entre deux blocs de pierre hérissés de dents; le bloc supérieur peut se soulever à l'aide d'une corde passée sur une charpente; plusieurs coupables assis, ensanglantés, paraissent attendre un renouvellement de tortures; deux sont tenus par les cheveux par un bourreau rouge.

2157 — LE ROI DE LA QUATRIÈME RÉGION. WOU KOUANG. Deux fonctionnaires ouvrent sur sa table deux livres roulés. Devant lui différents personnages. Au-dessous, un démon retient un coupable par les cheveux devant un grand miroir qui reproduit une scène où un individu escorté d'une femme, lève un bâton sur une autre femme agenouillée. Auprès du miroir se voient le personnage à tête de bœuf et un autre personnage, à visage et mains bleus, qui tient un livre et qui indique sur le miroir la scène révélatrice. Plus loin, un coupable est roué de coups de bâtons par un démon alors qu'un autre démon le maintient plié en deux, en avantt, et que deux sortes de tringles dressées sous sa poitrine, paraissent destinées à lui traverser le corps. Un coupable vomissant le sang est attaché, jambes et bras retournés à un cylindre.

2158 — LE ROI DE LA QUATRIÈME RÉGION. WOU KOUANG. Autour de lui, différents fonctionnaires, l'un d'eux sur le devant, et portant un kouéï, se voit présenter un papier par une femme agenouillée auprès d'un homme. Derrière ce groupe, un bourreau tenant une planchette carrée au bout d'un manche. Au-dessous : un démon précipite un coupable dans une cuve, alors qu'auprès de lui, un adjudant du roi Wou Kouang semble écouter ce que disent d'autres coupables déjà plongés dans cette cuve. Auprès d'un brasier, deux coupables ensanglantés sont chacun liés, le dos contre une colonne d'où s'échappent des flammes ; deux bourreaux se préparent à les tourmenter. Deux autres bourreaux s'emploient à retenir la tête d'un coupable dans une sorte de cloche ? vraisemblablement rougie par le feu. Un autre malheureux est attaché, les membres retournés, sur un cylindre. Un couple ensanglanté attend sans doute un renouvellement de supplices.

2159 — LE ROI WOU-KOUANG. La disposition des personnages et les scènes sont à peu près les mêmes que celles du numéro précédent.

2160 — YEN-LO, ROI DE LA CINQUIÈME RÉGION. Entouré de ses aides et ayant devant lui, à sa droite, un homme décapité debout dont la tête gît à terre auprès d'une épée, et une femme tenant un kouéï. Au-dessous, un bourreau, tenant l'écran à tête de tigre, entraîne un Chinois coupable et un fonctionnaire semble lui désigner du doigt le tribunal. Un démon tient un coupable par les cheveux, agenouillé devant le miroir, où se voit représenté un individu à califourchon sur un bœuf, qu'il est en train de battre. A droite du miroir, un fonctionnaire tient un livre ouvert, dont il indique un passage. A gauche, est un autre serviteur, aux bras et visage verts. Ailleurs, un coupable reçoit la bastonnade, alors qu'un démon bleu, le livre et le pinceau en main, semble recueillir ses aveux. Un couple coupable, attaché dans les mêmes liens, attend et paraît préoccupé de ce qui se dit.

2161 et 2161 *bis* — YEN-LO, ROI DE LA CINQUIÈME RÉGION. Nous retrouvons devant lui l'homme debout à la tête coupée et la femme au kouëï. Les scènes de l'enfer sont à peu près représentées de même manière que sur le n° 2160. La scène du miroir sur le n° 2161 *bis* représente un individu battant une femme.

2162 — YEN-LO, ROI DE LA CINQUIÈME RÉGION. Il tient le kouëï bleu ; sur sa robe est brodé le dragon à cinq griffes ; sur sa table, dont on ne voit qu'une partie, l'encrier, les pinceaux, le pose-pinceau. Auprès de lui, trois fonctionnaires tenant le kouëï, un autre tenant l'écran, puis le général Bœuf. Devant : un groupe de trois autres personnages et un personnage qui tient un livre ouvert. Au-dessous, un homme et une femme, celle-ci, la tête dans une cangue, sont rudoyés par un bourreau. Un homme est attaché à un poteau par les cheveux et par les chevilles, il présente son dos et reçoit la bastonnade. Deux autres coupables son attachés dos à dos au même poteau ; un démon donne à l'un la bastonnade, un autre démon enfonce à coups de maillet un clou dans la tête de l'autre. Un coupable est retenu par les cheveux devant le miroir, où se voit représenté un individu battant une femme. Auprès du miroir, un fonctionnaire, au costume rouge et au visage bleu, tient un livre roulé sous son bras.

2163 — PIEN-SHENG, ROI DE LA SIXIÈME RÉGION. Entouré de divers fonctionnaires tenant l'un le hou (blanc), l'autre le Jou-i, l'autre un vase, l'autre un livre roulé. Devant lui, un personnage reçoit d'un autre un livre roulé ; une jeune femme présente plusieurs fascicules d'un ouvrage dans un étui, un autre personnage lève ses mains réunies sous les larges manches. Dans l'enfer, un coupable, ayant la cangue autour du cou, est tenu en laisse par un bourreau ; derrière lui un fonctionnaire tient une planchette sur laquelle est une inscription, devant lui est un démon vert. Trois démons portent un animal hideux qu'ils dirigent vers un groupe de trois coupables ensanglantés qui sont sur la glace ; l'un des démons est armé d'une masse, un autre d'un trident. Autre groupe de trois coupables, vus à mi-corps derrière un bloc de glace.

2164 — Taï-shan, roi du septième enfer. Comme les autres rois il est entouré de fonctionnaires parmi lesquels l'un porte un écran, l'autre un sceau, l'autre un livre ouvert. Devant : un personnage s'avance présentant un livre ; et une femme à la coiffure aux Fong-hoangs et tenant une sorte de coupe où se voient deux yeux, semble indiquer le chemin à une autre femme coupable. Derrière elle, le personnage à la planchette et plus loin un démon tenant une massue hérissée de dents. Au-dessous : Personnage vert, costumé en général, assis sur un rocher ; serviteur au buste nu tenant un livre roulé ; bourreau tenant un coupable par les cheveux ; deux démons sciant un coupable fixé entre deux planches, auprès, un chien mange un bras ; deux démons suppliciant un coupable attaché à un poteau près d'un brasier : l'un lui tire la langue et semble vouloir introduire dans sa bouche un objet chauffé au rouge.

2165 — Taï-shan roi de la septième région infernale. Entouré de ses fonctionnaires, deux tenant le kouëi, un, le sceau, un autre le chasse-mouches, un autre un brûle-parfum d'où s'élève une fumée. Devant, un personnage lui présente un ouvrage en plusieurs volumes, un autre accompagné de sa femme et de son enfant lui présente une statuette de Bouddha assis sur un lotus. Au-dessous, divers fonctionnaires. L'un tient un livre déroulé ; un autre au costume rouge et au visage vert, tient le livre roulé et le pinceau, un autre qui porte la planchette, mène en laisse un couple coupable qu'un démon armé d'une massue accompagne. Personnage dans une corbeille d'où s'élève un lotus et qui semble tomber d'une planche que deux démons ont brisée. Auprès, couple suppliant. Démon sciant un ou des coupables serrés entre deux planches. Chien mangeant un bras gisant à terre.

2166 — Ping-teng, roi de la dixième région. Auprès de lui, la femme tenant un Jou-i et personnages divers, à la hache, au livre roulé ou déroulé. Au-dessous : démon bleu ayant un disque sur le front, un collier de crânes autour du cou, tenant un sabre à lame annelée, et posant son genou droit sur un coupable qui a la cangue ainsi qu'un coupable voisin de celui-ci. Homme et femme attachés l'un devant l'autre contre une colonne d'où s'échappent des flammes. Grande cuve sur un foyer ardent que surveille un démon, et de laquelle émergent des crânes et un corps qu'un autre démon tourmente avec un croc. Un groupe, homme, femme, enfant, l'homme et la femme attachés les mains derrière le dos. Autre groupe de trois coupables subissant des supplices de position. Jeune femme précipitée(?) d'un lotus par un démon vert, à trois yeux, tandis qu'un autre démon, à casque bleu orné de trois yeux et de deux cornes, la tient par une jambe. A terre, fragments de corps et d'instruments de supplice.

2167 — Chouen-loun, roi de la dixième région. Auprès de lui, divers fonctionnaires : l'un lisant le livre ouvert sur la table, d'autres tenant le sceau ou un livre. Devant : un personnage reçoit un livre que lui remet un autre personnage, tandis qu'un troisième tient un livre roulé et un quatrième élève ses bras réunis et cachés sous ses manches. Au-dessous : démon assis sur un rocher; personnage poussant un coupable vêtu de blanc; deux démons faisant tourner une roue; bourreau emmenant trois coupables qui le supplient; bourreau désignant un chien à trois coupables, dont l'un est en partie recouvert d'une peau de gazelle, et un autre d'une peau de porc.

2168 à 2171 — Quatre peintures collées sur carton représentant quatre rois des régions infernales dans leur milieu habituel (Imagerie populaire).

Les Lohans

Série des dix-huit Lohans en dix-huit tableaux. Chacun des Lohans est représenté debout au milieu des nuages, la tête auréolée. En général, ils sont imberbes et ont la tête rasée, leurs visages calmes ou souriants sont gras et pleins lorsqu'il s'agit des jeunes, plus ou moins ridés lorsqu'il s'agit des vieux. Quelques-uns ont des cheveux et de la barbe, courts et frisés. Ceux-ci ont le teint coloré et se distinguent encore des autres par l'aspect de leur visage au nez épaté, aux plans heurtés. Tous sont vêtus de robes et de manteaux de

COLLECTION CHINOISE

différentes couleurs, dont le décor consiste en un semis de rosaces, tracées soit en or, soit d'une couleur plus foncée que celle du tissu lui-même. Les contours des vêtements sont marqués de larges traits d'or gaufrés, et leurs bordures noires, blanches, bleues, plus généralement noires, sont richement ornées de plantes, de fleurs, de fruits, de caractères chinois, de rinceaux multicolores très soigneusement exécutés. Sauf deux des Lohans, qui sont pieds nus, les autres ont des chaussures de feutre à semelle épaisse et bouts relevés. Les modelés des chairs dans les tableaux s'accentuent plus ou moins, selon le type représenté. Il est presque nul sur les jeunes, plus poussé sur les vieux, devient très vigoureux sur les Lohans au teint coloré. L'artiste paraît avoir eu sur certaines parties de vêtements le souci des jeux de la lumière ; sur d'autres, il n'a nullement essayé d'en tenir compte. En tous cas, l'observation générale qui a été faite sur la nécessité de voir la peinture en couleurs des Extrême-Orientaux dans la pénombre, s'applique ici. L'effet de ces tableaux est tout différent dans la lumière crue ou dans la lumière atténuée. Dans le premier cas, même les parties les plus vigoureusement modelées, restent à plat; dans l'autre, au contraire, ces modèles prennent leur valeur, et ceux qui étaient à peine sensibles se révèlent.

Ces peintures sont exécutées sur papier.

2172 — TA-MÔ. Au teint coloré, vêtu d'une robe rouge, qui lui enveloppe la tête et s'ouvre sur sa poitrine. Il a le corps brun, les traits de son visage sont très vigoureusement accentués. Il a la moustache et la barbe frisées, et porte des anneaux à ses oreilles. Il a les pieds nus. Sa robe, dont on voit la doublure rosée surtout dans la tombée de l'étoffe au-dessous de ses bras, est décorée de fleurs de chrysanthèmes ornemanisées, dessinées en or vif au centre, éteint tout autour, la bordure est ornée de fleurs et de feuilles de pivoines.

2173 — LE LOHAN AU PORTE-ENCENS. — Il a le visage plein et gras. Il est vêtu d'une robe verte sur laquelle est jeté un manteau violet attaché sur son épaule gauche par une boucle. Il tient un porte-baguette à encens muni d'une de ces baguettes, et dont le manche est rouge et le récipient, à tête de dragon, doré. L'ornement de sa robe verte est une sorte de rosace à fleuron central, celui de sa robe violette enferme, dans une grecque, un papillon tenant un ruban. La bordure de la robe verte est noire et décorée d'orchidées alternant avec des demi-médaillons à enroulements et à crochets de nuages au milieu desquels se voit, coupé en deux, le signe « *Cheou* » longévité, en cercle. La bordure de la robe violette est blanche et son décor est constitué par des Fong-hoangs, des enroulements, et le signe « *Cheou* » en cercle.

2174 — Le Lohan au stûpa. Il l'a l'ûrnâ, son visage jeune est plein et gras. Il est vêtu d'une robe verte que recouvre un manteau rouge maintenu sur l'épaule gauche par une boucle. De la main droite du Lohan s'élève un petit nuage dans lequel se voit un stûpa. L'ornement de sa robe verte est le signe « *Cheou* », en cercle entouré d'enroulements, celui de sa robe rouge une fleur de chrysanthème ornemanisée au cœur tracé en or. La bordure de sa robe verte est noire et décorée de pêches et d'un ornement qui est peut-être une chauve-souris au-dessus des flots, l'une et les autres très ornemanisés. La bordure du manteau est blanche, décorée de rinceaux à fleurons de lotus.

2175 — Le Lohan a l'écran. Il a la barbe et les cheveux courts frisés, le visage au nez épaté et aux traits accentués. Il tient un écran de sa main gauche. Sa main droite est dressée de profil devant sa poitrine, les doigts allongés et réunis. Il est vêtu d'une robe bleu-verdâtre et d'un manteau rouge. Un bandeau d'étoffe d'un rouge plus clair et bordé vert, recouvre sa tête. L'ornement de la robe est une rosace aux contours en accolades, celui de son manteau, une sorte de chrysanthème stylisé. La bordure de la robe est décorée de pêches, de narcisses, de bambous ; celle de son manteau de Fong-hoangs et de pierres sonores.

2176 — Le Lohan a la pagode et au chasse-mouches. De l'index levé de sa main gauche, part un filet de nuage qui s'élargit au-dessus de sa tête et supporte une pagode. De sa main droite il tient le chasse-mouches. Il n'a pas de manteau. Sa robe qui est verte et décorée de rosaces, a une bordure blanche ornée de rameaux et de fleurons.

2177 — Le Lohan du cœur ouvert. Au visage gras et souriant. Sa robe ouverte sur sa poitrine, laisse voir sur celle-ci un petit

Bouddha assis sur un lotus, et entouré d'une auréole à rayons ondulés. Cette robe est violette et décorée du chrysanthème ornemanisé, elle a une bordure noire, ornée de tiges de chrysanthèmes et de roses; elle est serrée à la taille par une cordelière nouée sur le devant, sous laquelle passe un pan d'étoffe bleue à bordure rouge qui se voit, drapé sur le ventre du Lohan.

2178 — Le Lohan au bras et au chasse-mouches. De la paume de sa main gauche relevée et placée horizontalement, s'élève un filet de nuage qui s'élargit et supporte un bras dont la main tient une boule. De sa main droite baissée, le Lohan tient le chasse-mouches. Sa robe est bleue, son manteau jaune-brun, le décor de ce dernier est le signe « *Cheou* » dans un cercle. La bordure de la robe est blanche et est ornée de pivoines et de Fong-hoangs. La bordure du manteau est ornée de grenades, d'écrans, de pierres sonores, de chauves-souris très ornemanisées.

2179 — Le Lohan aux mains jointes. Il a le visage jeune et plein, Sa robe est bleue, son manteau violet. La bordure du manteau est noire décorée, de rinceaux à fleurons de lotus. La bordure de la robe est jaune, décorée de dragons très ornemanisés et d'une figure formée d'un cercle traversé par une branche du rinceau qui l'entoure.

2180 — Lohan vieillard. Au visage très ridé. Il porte son manteau plié sur son bras droit et lève sa main gauche vers son visage. Sa robe est brune, décorée du caractère « *Cheou* ». Elle est serrée à la taille par une cordelière sous laquelle passe une sorte de rabat d'étoffe bleue à bordure rouge et fleurettes or. Son manteau est rouge, à fleurons de chrysanthèmes et rinceaux or. La bordure de celui-ci est blanche et décorée de pêches et de chauves-souris. La bordure de la robe est noire et décorée de fleurs de lotus et de rinceaux.

2181 — Lohan a l'auréole surmonté d'une petite divinité assise, dans une auréole plus petite, et qui est enveloppée dans un manteau lui couvrant la tête et s'ouvrant sur sa poitrine. Le Lohan tient ses deux mains l'une dans l'autre. Son manteau est vert, sa robe est rouge. La hordure du premier est noire, décorée des caractères *Cheou* et *Fou* (longévité, bonheur) alternant. La bordure de la robe est blanche, décorée de rinceaux à larges fleurons de lotus.

2182 — Lohan au chapelet. Il tient de ses deux mains un chapelet. Sa robe est verte, à bordure noire, décorée des signes « *Fou* » et « *Cheou* » alternant. Son manteau est violet, à bordure blanche, ornée de dragons ornemanisés et de rinceaux.

2183 — Le Lohan au livre. Au visage jeune et plein, tient de ses deux mains un livre ouvert. Sa robe est bleue, son manteau rouge. La bordure de la robe est noire et décorée du caractère « *Cheou* » parmi des rinceaux. La bordure du manteau est blanche et décorée du dragon très ornemanisé, de volutes et de rinceaux.

2184 — Lohan au bâton et au dragon. De sa main droite, il tient un long bâton terminé par une tête de dragon de laquelle s'élève un filet d'air sur lequel s'allonge un dragon effilé. Sa robe est verte à bordure blanche, décorée de fleurons de chrysanthèmes et de rinceaux. Son manteau est rouge à bordure noire, orné de semis de fleurettes sur fond en cailloutis.

2185 — Le Lohan au lion. Au visage quelque peu grimaçant; le nez épaté, la bouche ouverte, la barbe courte, frisée. Il a les cheveux tombants sur ses épaules, le haut du crâne rasé. Il a la tête entourée d'un cercle qui est surmonté au-dessus et au milieu du front par un croissant. Il a des anneaux aux oreilles. Il tient à deux mains un petit lion bleu à crinière verte. Sa robe est verte décorée de rosaces et bordée de grecques, son manteau violet à rosaces de fleur stylisée et à bordure bleue. La bordure de la robe est noire et décorée des emblèmes : le vase, les poissons, les lacets, le parasol, la bannière, la roue, la fleur de lotus, la conque.

2186 — Le Lohan aux longs sourcils. Vieillard au visage sillonné de rides, ses longs sourcils pendent en longues mèches de chaque côté de son visage. Il tient un long bâton de sa main droite. Sa robe est bleu foncé, ornée de chrysanthèmes ornemanisés. Son manteau, jaune orange clair, orné du signe « *Cheou* ». Les bordures sont décorées de fleurons de lotus et de rinceaux traités différemment sur le manteau et la robe.

2187 — Le Lohan au pâtra et au dragon. Au visage sillonné de rides au sommet de la tête rasée, à la barbe et aux cheveux frisés, ceux-ci tombant sur ses épaules ; son front est ceint d'un cercle d'or orné d'un disque, au milieu et en avant. Le Lohan a la poitrine, les bras, les jambes demi-nus. Il a des anneaux aux oreilles. Sa main gauche, ramenée devant sa poitrine, dresse le pouce, l'index, le médius, et plie les deux autres doigts. Sur sa main droite est le pâtra duquel s'élèvent des volutes d'eau. Au-dessus de lui le dragon parmi des nuages. Le manteau du Lohan est rouge à bordure noire, orné de fleurettes sur fond en cailloutis ; il se relève sur une sorte de pantalon blanc qui se drape au-dessous des genoux. Une bande d'étoffe s'enroule autour de chacun de ses mollets.

2188 — Le Lohan au tigre. Auprès de lui est un tigre dont il caresse la tête de sa main droite. Sa robe est bleue à bordure blanche, décorée de fleurons et de rinceaux. Une sorte de rabat rouge-orange, à bordure verte, entoure sa taille où il est maintenu par une cordelière.

2189 — Le Lohan au visage gras et souriant. Il tient de sa main droite l'extrémité d'une étoffe blanche, ornée de rosaces de même couleur, qui passe sur son épaule droite, disparaît derrière son dos et revient en avant sous son bras gauche. Il s'agit là sans doute du sac que le Lohan porte généralement sur son dos. Sa robe est blanche, décorée de quadrillages au milieu desquels sont figurés des swasticas. Son manteau, ouvert sur sa poitrine, est rouge, décoré de chrysanthèmes ornemanisés. La bordure du manteau est noire et ornée du caractère « *Cheou* » et de rinceaux.

Autres Lohans

2190 — Un Lohan dessiné en or sur fond bleu foncé. Il est assis sur un tapis d'herbes étendu sur un rocher escarpé, battu par les flots et qui s'élève derrière le personnage et qui surplombe, coupé par des nuages. Un pin dans le haut étend son feuillage sur le vide. Le personnage aux ongles longs et effilés, pose sa main droite sur son genou droit et tient dans sa main gauche un des volumes d'un ouvrage, qui se voit auprès de lui. Devant lui est un brûle-parfum. Sous le rocher qui lui sert de siège est un singe.

Dessin sur papier. En bas un cachet rouge. A gauche des inscriptions en lettres d'or et deux nouveaux cachets rouges.

Pinceau de Lin-siang-fen (1).

2191 à 2194 — Quatre bandes de papier peint. Représentant dans le haut, un caractère écrit dans un cercle. Dans le bas, un Lohan, entouré de nuages. L'un tient le pâtra. Un autre tient un Jou-i. Le troisième a son chapeau tombé sur son dos. Le quatrième tient un bâton, et, dans un nuage, auprès, est représentée une grue. Les quatre caractères forment la phrase : « Tchang-tchouan-Fa-loun » (1). Constamment tourner la roue (de la loi).

2195 à 2204 — Lohans. Dix grandes impressions réservées, en blanc, sur fond noir. L'une d'elles porte la date : 29e année, de Khien-long, 1764.

Peintures et Estampes bouddhiques diverses

2205 — Scène où se voit un personnage en costume de mandarin, assis à la porte de sa maison, sur un fauteuil élevé, conversant avec un prêtre, également assis. Il est entouré de

---

(1) Traduction de M. Pelliot.

divers serviteurs, dont l'un tient l'écran décoré du soleil et de la lune. Derrière le prêtre, sont deux autres prêtres. L'un de ceux-ci tient le sistre à anneau, auquel est attaché un objet peu distinct. Une balustrade, coupée par un escalier, ferme cette première partie de la scène. Sur l'escalier, un personnage, tourné vers le prêtre assis, lui tend, à deux mains, un livre ; à droite et à gauche, un groupe de deux personnages assistent à la scène ; ceux de droite tiennent le hou. Le bas du tableau est occupé par une longue inscription datée de la première année de l'empereur Khien-long (1736).

Peinture sur papier.

2206 à 2208 — TROIS LONGUES BANDES DE PAPIER PEINT. Décorées chacune de trois personnages et de vases de fleurs, disposés les uns au-dessous des autres.

2206. En haut, une divinité d'aspect féminin tenant un livre roulé. En-dessous : une divinité masculine portant une arme sur l'épaule droite, puis une divinité masculine tenant un hou. Enfin un vase de fleurs entouré d'objets divers.

2207. En haut : une divinité à l'aspect féminin tenant un brûle-parfum à long manche. En dessous, une divinité masculine au visage brun, tenant une hache, puis une divinité d'aspect féminin ayant les mains jointes, enfin un vase à fleurs de prunier, entouré de différents objets.

2208. En haut : une divinité d'aspect féminin, tenant un sceptre. Au-dessous : une divinité (Marîcî) à trois têtes, celle de face ayant le troisième œil au milieu du front, l'une des autres étant celui d'un porc ; elle a huit bras, une paire de mains tient en l'air, l'une le soleil, l'autre la lune, une paire ramenées en avant prie. Les deux autres mains droites tiennent un arc et un miroir, les deux autres mains gauches : une flèche et une lance. Au-dessous de Marîcî : une divinité masculine tenant un hou.

2209 — Pagode à sept étages et complètement couverte de caractères composant un Sutra. Au milieu du premier étage se voit Çakyamuni devant lequel est assis un prêtre. A sa droite et à sa gauche, sont deux autres Bouddhas debout. Les étages au-dessus sont occupés par différents Bouddhas assis et par une pagode entourée de flammes.
Impression sur papier.

Tableaux et Images taoïques

2210 — Lao-tse. Vieillard à barbe blanche, assis sur un fauteuil entouré de nuages. Sa coiffure est un tout petit chapeau aux bords relevés, surmonté d'une crosse de Jou-i et placé au sommet de sa tête. Il tient le Jou-i. Devant lui, deux enfants; l'un à droite, tenant un chasse-mouches; l'autre à gauche, tenant une branche de corail.
Peinture sur papier.

Si wang mou et les génies

2211 — Panneau de tissus genre Gobelins monté en tableau, orné de groupes de Siens, et de différents personnages dans les nuages, sur l'onde, sur la terrasse d'un palais et sur terre. Dans les nuages, Kouëi-sing; puis Si wang mou, entre deux de ses servantes, tenant l'écran de plumes. Autour d'elles, le Fong-hoang, la grue tenant dans son bec un livre roulé, des chauves-souris, et plus haut le palais de la déesse en partie visible. Sur les ondes: un enfant naviguant sur une feuille, un bateau en racine de mandragore, où se voient une jeune femme, manœuvrant le gouvernail, auquel est attaché un fil très fin que tient un enfant auprès de qui est un panier de fleurs; une autre jeune femme tient le chasse-mouches. Sur la terrasse et l'escalier qui en descend : Lu Tong-pin, son sabre sur le dos; le dieu d'une nombreuse postérité, avec son sceptre; le dieu de la longévité, tenant le bâton auquel est suspendu un livre roulé, vêtu d'une robe, au caractère « *Cheou* », et Han Siang-tse, tenant la flûte ; Tsao Kouo-kieou, tenant les castagnettes ; Li Tie-koai, tenant sa gourde. En bas, Lan Tsaï-ho, avec son panier de fleurs ; Tchang-kouo, avec son instrument de musique ; Lieou-haï, tenant le sapèque ; Tong-fang-cho, tenant une branche de pêcher, chargée de fruits ; Ho Sien-kou, tenant son panier où se voit une pêche ; un autre Sien tenant la coupe Tsio et un Chinois dont les mains disparaissent sous ses larges manches. Plus bas encore, un groupe de quatre personnages où se voient les deux Ho-ho, un enfant présentant une sorte de bol à un Chinois, à longue barbe portant un arc. Sur la gauche, des enfants : « les Cents Enfants ».

2212 — PANNEAU. Analogue au précédent, où figurent presque tous les mêmes personnages, distribués à peu près de la même manière.

2213-2214 — DEUX PANNEAUX DE SOIE. Genre dit Gobelins, représentant des scènes à personnages sur fond rouge et parmi lesquels se voient des génies et Si wang mou avec ses servantes.

Koueï-Sing

2215 — KOUEÏ-SING. Debout, un pied en l'air, l'autre sur la tête d'un dragon. Il tient de la main droite le pinceau, de la main gauche le lingot.

Tableau en papier tissé, le dessin en gris et noir sur fond en partie blanc et partie bleu pâle. Le tissage affecte la forme de petits carrés réguliers.

Les Sien s.

2216 — DEUX LONGUES BANDES DE PAPIER PEINT où sont représentés les uns au-dessus des autres différents Sien s ou génies, parmi lesquels Li Tié-Koaï, Tchong-li Kouen, Lu Tong-pin, Tchang Kouo, Tsao Kouo-Kieou, Ho Sien-Kou, Han Siang-tsé, Lan Tsaï-ho, les deux Ho-ho, Tchong-Koéi. Dans le bas de l'une : vase de chrysanthèmes et différents objets, tels que fruits de kaki, sceptre, vase à eau. Dans le bas de l'autre : vase avec branches de prunier et auprès : cédrat main de Fo, sceptre, brûle-parfum, vase avec écran.

Les neuf déesses « Niang-niang »

2217 — LES NEUF DÉESSES. Représentées assises en trois groupes, un groupe de trois au fond et un groupe de trois de chaque côté. Leurs robes sont décorées du dragon à cinq griffes. Sur le devant, et terminant chacun des groupes de droite et de gauche, une jeune femme debout, l'une d'elles tenant une fleur de pivoine. Au milieu, représentés sur un tapis orné du Fong-hoang et de rinceaux fleuris, quatre enfants jouant, l'un tenant une grenade (nombreuse postérité), une flûte (sheng), un lotus (lien), les mots lien-sheng formant un souhait « puissiez-vous monter en grade d'une manière continue », l'autre un narcisse (?). (choeï-sien), « l'immortel de l'eau ». Derrière les princesses sont six aides, chacun tenant un écran où se voient la lune et le soleil (1).

Peinture à l'aquarelle sur soie, très soigneusement exécutée.

2218 — LES « NEUF NIANG-NIANG ». Représentées assises, leur groupe formant un demi-cercle. Au milieu, Tien-Sien, à sa droite successivement : une nian-niang tenant un enfant assis sur une coupe ; une niang-niang tenant le kouei ; une niang-niang tenant un bol de fruits ; une niang-niang tenant un vase. A sa gauche, dans le même ordre, les niang-niang tiennent, la première les deux yeux, la seconde un kouei, la troisième une coupe de fruits, la quatrième un objet. Derrière les déesses, dix serviteurs tiennent chacun un écran de

---

(1) Voir Chavannes, De *l'Expression des vœux*.

plumes. Devant chacune de celles qui terminent le groupe, un personnage assis; à droite, c'est une jeune femme, à gauche un jeune homme. Au milieu, un enfant prend ses abats dans un tub, deux autres enfants sont auprès de lui.
Peinture sur papier, encadrée.

2219 — Trois des « niang-niang ». Au milieu Tien-Sien, de chaque côté Yen-kouang.
Très mauvaise peinture sur papier. Imagerie populaire.

Kouan ti

2220 — Kouan ti a cheval. Escorté de différents personnages dont Tchéou-Sang, d'autres guerriers et de serviteurs. Il est entouré de nuages, et au-dessus sont groupés à part, deux cavaliers, un guerrier, un personnage portant un sceau enveloppé et un autre personnage au visage brun.
Grande peinture sur papier.

2221 — Kouan ti. Tenant le fauchard.
Peinture collée sur carton. Imagerie populaire.

2222 — Kouan ti. Tenant un fauchard. Auprès de lui un serviteur qui tient une oriflamme.
Peinture. Imagerie populaire.

2223 — Kouan ti. Debout, tenant une longue lance. Auprès de lui, un personnage au visage bleu, tient un anneau de la main gauche et appuie sa main droite sur une massue posée à terre.
Peinture. Imagerie populaire.

2224 — Kouan ti. Kouan-pin et Tchéou-Sang.
Peinture. Imagerie populaire.

2225 — Kouan ti et Tchéou-Sang.
Peinture. Imagerie populaire.

2226 — Kouan ti, Tchéou-Sang et un autre personnage aux mains jointes.
Peinture. Imagerie populaire.

2227 — Jeune serviteur de Kouan ti tenant une lance.
Peinture collée sur carton. Imagerie populaire.

Assistant du Dieu des Murailles et des Fossés ?

2228 — Groupe de personnages, dont le principal, au milieu, a le corps bleu, le visage terrible encadré de cheveux et de barbe rouges, hérissés. Il est assis, costumé d'une veste rouge et de vêtements flottants qui laisssent voir des parties d'une armure; il pose sa main gauche sur son genou gauche et tient de la main droite une hache. A sa droite est un personnage vert à tête de démon qui tient une oriflamme. A sa gauche, un autre personnage botté, au visage brun foncé, à la robe verte, coiffé de la calotte relevée à l'arrière et à ailettes et qui tient un rouleau sous son bras. Derrière lui, un troisième personnage, coiffé d'une calotte relevée en arrière, tient le sceau enveloppé. Devant le personnage central, est dressé un autel sur lequel se voient deux vases, deux chandeliers, un brûle-parfum, et trois plateaux remplis de fruits : pêches et sortes de pommes; à droite de l'autel, un personnage agenouillé présente sur une coupe des fruits décorés de feuillages; à gauche, un autre personnage au visage rouge tient une bannière.

Divinités et Images diverses

2229 — Divinité, représentée sous l'aspect d'un vieillard à longue barbe blanche, à la tête auréolée, assis sur un fauteuil et tenant de la main gauche un long bâton auquel est suspendu une gourde. A sa droite, un démon, peint en gris bleu, a son front ceint d'un bandeau et surmonté d'un crâne; il appui ses deux mains sur une massue à dent de loup. A sa gauche, un personnage vêtu de la robe de moine, à longue barbe noire, aux cheveux dressés en deux touffes, au-dessus de ses oreilles, tient un livre déroulé... De chaque côté du siège de la divinité, un animal : un loup? un tigre. Devant, une coupe contenant un objet? circulaire.

Peinture tibétaine sur toile et encadrée.

2230 — Même que le précédent. Non encadré.

2231 — Divinité chinoise. Assise sur un fauteuil et tenant de ses deux mains recouvertes d'une étoffe le kouëi. Auprès d'elle : deux enfants tenant chacun un vase, un guerrier et un fonctionnaire civil tenant un livre roulé. Devant lui une urne remplie d'objets précieux : perles, corail, défenses d'éléphant, etc.

Peinture sur toile, tibétaine.

2232 — Personnage debout, à la barbe divisée en longues mèches, vêtu du costume à la chinoise : longue robe rouge à larges manches pendantes, chapeau quadrangulaire, à la partie postérieure relevée et à ailettes ; il tient la tablette hou. Auprès de lui un enfant tient un chandelier en forme de branche de lotus, derrière lui un démon vert tient une oriflamme. Devant le démon un personnage au visage et aux mains violacées, coiffé du chapeau en forme de calotte sphérique relevée en arrière, tient un livre roulé.

Peinture sur papier.

2233 — Bande décorée d'un vase avec des fleurs de chrysanthèmes, d'un autre vase avec une branche de corail et des livres roulés, d'un plat de citrons, mains de Fô, et de boîtes.

2233 bis — Deux longues bandes de papier peint décorées l'une et l'autre de la perle enflammée du cédrat main de Fô, de la roue, de pivoines et de trois enfants. Sur l'une, un des trois enfants tient le kin, sorte de harpe, enveloppée ; sur l'autre, deux enfants se disputent et le troisième tient une coiffure (1).

(1) Voir Chavannes : *De l'Expression des Vœux.*

2234 — Peinture représentant sous une sorte de dais un bœuf rouge escorté par un enfant qui tient de la main droite une bannière suspendue à une longue hampe terminée par un ornement en forme de boule sur un nuage. De la main gauche l'enfant tient un objet qui semble être une coupe. Sur le dos du bœuf se voit une jardinière remplie de boules précieuses, l'une flamboyante ; de deux défenses d'éléphant, de deux branches de corail. Le dais a la forme d'un toit à double pente, aux angles relevés, terminés de même manière que la hampe tenue par l'enfant et desquels pendent de long rubans, noués de façon particulière. Ce toit est maintenu par quatre colonnes rouges, ornées de dragons à cinq griffes. Au-dessus de cette peinture, longues inscriptions en mongol. La peinture fait sans doute allusion à la fête chinoise de l'ouverture du printemps où un bœuf en carton est promené en cortège de la ville à la campagne (1).

2235 à 2282 — Quarante-huit aquarelles sur papier représentant des divinités et des saints populaires particulièrement à Pékin et donnant leurs noms. Entre autres : T'sai-shen, dieu des richesses, Ma-wang, Huo-shen, dieu du feu, Kong-shen, Yueh-lao, Shang-tien-shih, Lu Tong-pin, Lo-tsou, Koueï-hoa-shen, Wang-naï, Wang-naï, Song-tse (niang-niang), Yen-kouan (niang-niang), Tse-soun (niang-niang), Yao-wang, No-cha, Pouo-shen, Lao-tze, Lu Pan, Kouan-ti. Les dieux des quatre directions, Kouan-yin, Long-wang, Si shen, Lao-lang shen, Wen-chang, Siao shen, Tsao-wang, Cheng-hoang Ta-mô, Choung-wang.

On trouvera des indications sur la plupart des divinités et des saints de cette série dans *Zur Pekinger Volkskunde*, de Grube.

---

(1) Voir de Groot, *Fêtes annuelles à Emouy*, p. 92 et le Sei-zo-kou-ki-boun TI, p. 32.

Groupes de divinités bouddhiques et taoïques

2283 — Trois groupes de divinités en un tableau. En haut, Çakyamuni entre Awanda et Mahakasyapa. Au milieu, les neuf niang-niang. Au-dessous, Kouan-ti, dieu de la guerre, entre Kouan-pin, tenant le sceau et Tchéou-sang, tenant la hallebarde. Tout à fait à droite, Tsai-shen? dieu de la richesse, tenant d'une main la perle flamboyante, de l'autre, le sabre. Tout à fait à gauche, Yao-wang, dieu de l'art médical tenant la gourde. Au milieu, bassin rempli d'objets précieux. Derrière le troisième groupe, quatre jeunes femmes portant, l'une le parasol, l'autre l'écran, l'autre des perles précieuses, la quatrième, des fruits.

Cortèges

2284-2285 — Deux aquarelles. Sur soie, représentant l'une, un cortège mortuaire de riche personnage; l'autre, un mariage.

Tableaux de préséance

2286 — Tableau. Montrant en deux registres, dans le bas : l'entrée d'un temple gardé par deux lions; au-dessus, des offrandes disposées devant une tablette mortuaire. De chaque côté des tablettes, disposées en huit rangées horizontales sont des noms d'individus inscrits dans l'ordre où leurs titulaires devront prendre rang dans les cérémonies qui auront lieu dans la salle dont le nom est donné dans le haut du tableau : la salle Lo-chan. Dans l'espace entre la porte et le temple proprement dit, sont des cerfs, des grues, un enfant qui balaie, un enfant qui porte sur un plateau, un bol et une tasse couverte. Sur les colonnes qui encadrent le temple et sur son fronton, sont des inscriptions. Les branches d'un pin et d'un autre arbre, dont on voit à moitié les troncs à droite et à gauche, encadrent le tableau. Au-dessus du nom du temple, sont quatre caractères dans un cercle de flammes.

Peinture sur papier.

2287-2288 — Deux tableaux. Montrant des tablettes mortuaires, disposées sur une table, et, de chaque côté, une liste de préséance.

Peinture sur papier.

Portraits

Il en est de deux genres, appelés Taï-siu et Siao-ing, à Amoy. Les Taï-siu sont destinés à devenir le siège de l'esprit, après la mort. Ils doivent être d'une ressemblance absolue; aussi dans les familles riches, les fait-on recommencer jusqu'à ce qu'ils ne laissent plus rien à désirer. Ils sont toujours de face et dans une attitude très raide. Les Siao-ing n'ont aucun rôle funéraire. Ils constituent des souvenirs. Aussi les attitudes y sont-elles plus libres et au besoin, le personnage y est entouré des êtres et des choses qu'il a affectionnés ou qui constituent pour lui des souhaits de bonheur, dans l'autre vie. En général, sur le Taï-siu, qui prend une importance toute particulière, par suite des croyances chinoises, les hommes sont représentés dans leur costume officiel, s'ils avaient obtenu un grade dans la hiérarchie chinoise ou dans certain costume de cérémonie désigné à Amoy, sous le nom de Tho-pao. Les femmes sont aussi représentées en costume officiel, ou encore dans le costume de mariée. Comme dans la vie, le costume officiel est orné sur le devant, d'un carré brodé, dont le décor, oiseaux ou animaux fantastiques, désigne le rang de celui qui le porte.

2289 — Taï-siu de femme en costume de mariée. Sa robe est rouge et recouverte d'une sorte de chasuble bleue, décorée de médaillons dorés, ornés du Fong-hoang, du Ki lin, du Pih-sieh. Une ceinture rouge à boucle d'or pare un de ses vêtements. Sa coiffure est formée devant de quatre Fong-hangs tenant des pendeloques de perles dans leurs becs. On y voit les caractères Foung-Tien-Kao-Ming, qui veulent dire : « J'ai reçu un emploi officiel du ciel ». Le visage est modelé avec une très grande délicatesse. Les plis du vêtement sur les bras sont assez soigneusement rendus.

Peinture sur soie.

2290 — Taï-siu d'homme assis sur un fauteuil garni d'une peau de tigre. Il est vêtu d'une robe bleue. Son insigne est une grue posée sur un rocher battu par les flots et autour duquel se distinguent des nuages et des emblèmes. Les parements des manches du vêtement de dessous et le bas de ce même vêtement sont décorés de dragons à quatre griffes. La coiffure est surmontée d'une perle oblongue bleu-clair. Un long collier pend au cou du personnage, qui le soulève de la main gauche.

Peinture sur soie.

2291 — Taï-siu d'homme assis, vu à mi-corps, vêtu d'une robe bleu-sombre, doublée de fourrure. La main gauche du personnage cache en partie le décor de l'insigne. Le parement visible de l'une des manches du vêtement de dessous est décoré du dragon à trois ou quatre griffes. La coiffure est surmontée d'une perle blanche oblongue. (Sixième rang.)

Peinture sur soie.

2292 — Taï-siu de femme assise sur un fauteuil recouvert d'une étoffe bleue damassée. Les pieds reposant sur un long tabouret orné d'enroulements. Sa robe bleu-foncé est décorée de dragons d'or à quatre griffes et de la perle flamboyante ; elle s'entr'ouvre en bas sur une autre robe bleue plus claire, où s'entrevoient des dragons d'or à quatre griffes, des nuages, des flots, des perles enflammées, un ornement en accolade orné de trois perles, un rocher triangulaire, etc. Les parements des manches de cette seconde robe passent sous les manches de la première et montrent la même ornementation à dragons et emblèmes. Du bout des doigts de sa main droite, seuls visibles, la dame tient un chapelet de perles vertes et rouges, agrémenté d'un gland. Elle est coiffée d'une sorte de toque décorée de trois caractères « *Cheòu* » longévité, en cercle. Visage délicatement modelé.

2293 — Taï-siu de femme assise vue à mi-corps, revêtue d'une robe brune bordée de fourrure qui laisse dépasser les parements d'une robe de dessous bleu-foncé. La robe brune est décorée de grands dragons d'or à quatre griffes, de nuages, de perles enflammées. Ce que nous voyons des parements des manches, nous les montre décorées de même manière, mais en plusieurs couleurs. Un collier de perles variées pend au cou du personnage. Sa coiffure est une sorte de petite calotte surmontée, à droite et à gauche de deux Fong-hoangs tenant des pendeloques dans leur bec. Au milieu de cette calotte, sur le devant, est représentée une perle blanche entre deux fleurons exécutés en pointillé et rappelant certain genre de broderie.

Portrait très personnel, très finement modelé.

2294 — Taï-siu d'homme assis sur un fauteuil recouvert d'une étoffe damassée; ses pieds reposent sur un tabouret. Il est vêtu d'une robe bleu-foncé unie, qui s'ouvre au-dessous de la taille sur une seconde robe d'un bleu plus clair, très ornée dont on voit le bas et les parements des manches. Sur le milieu de sa poitrine est le carré brodé à l'insigne; un col assez étroit sur le devant se cassant retombant par derrière, montre une partie de sa doublure rouge, ornée de rinceaux d'or. Les robes, le col sont garnis de fourrure. Les bordures de la robe de dessous et du col sont décorées de fins rinceaux d'or sur fond bleu plus foncé que le bleu de ces vêtements. Ceux-ci sont ornés de broderies polychromes et or, qui sont des dragons à quatre griffes, des perles enflammées, des nuages, des swasticas, des flots, etc. L'insigne est le lion ornemanisé Shi-tze (deuxième rang militaire), entouré de flots et de nuages, parmi lesquels se voient : le disque du soleil, des branches de pêcher, de pivoine, de corail, etc. Le personnage est coiffé d'une calotte à bords relevés, surmontée d'une perle oblongue nouée. A son cou pend un collier de perles.

Portrait ayant beaucoup de caractère et très finement modelé.

2295 — Taï-siu de vieille femme assise sur un fauteuil recouvert d'une étoffe damassée et les pieds posés sur un tabouret.

Elle est vêtue d'une robe rouge unie que recouvre une sorte de chasuble bleue à franges, et qui laisse passer une autre robe plissée, verte à bordure brune et rose. Un col aux bords découpés en accolade, pose sur la chasuble ou en fait partie ; il est de couleur violacée. La coiffure est une sorte de haut bonnet formant diadème sur le front et orné devant et sur les côtés de Fong-hoangs tenant dans leurs becs des pendeloques de perles à ornements divers. Vêtement et coiffure constituent le costume de la mariée chinoise. L'insigne du rang brodé sur la chasuble même est la grue aux ailes déployées (1er rang civil).

Le visage, aux traits accentués, est encadré de cheveux blancs. C'est un portrait très personnel, assez délicatement modelé. L'exécution brutale du vêtement, sans doute d'une autre main, fait grand tort à la figure.

2296 — Taï-siu d'homme assis sur un fauteuil recouvert d'une étoffe verte damassée, à large bordure rouge ornée de fleurs bleues. Il est revêtu d'une robe noire laissant passer une autre robe bleue. L'une et l'autre sont bordées de fourrures. L'insigne brodée sur le carré cousu sur la robe de dessus est la grue posée sur une patte, ailes déployées (1er rang civil). Le personnage est coiffé d'une calotte surmontée d'une perle blanche.

Portrait bien modelé. Même observation que pour le précédent.

2297 — Taï-siu d'homme assis, vêtu d'une robe jaune décorée de médaillons d'un jaune plus clair, ornés de dragons à cinq griffes. La robe de dessous, dont on voit l'extrémité des manches et le bas, est décorée en ces endroits de dragons, de nuages, de flots multicolores. La tête du personnage est modelée avec soin, mais le tableau est ici quelque peu endommagé.

Peinture sur papier.

2298 — Taï-siu d'homme assis, vu à mi-corps. Vêtu d'une robe bleue. Le carré de soie a l'insigne, est décoré de la grue posé sur le rocher. Le parement visible de la manche du vêtement de dessous est décoré du dragon à quatre griffes. Collier de perles. Chapeau surmonté d'une perle blanche oblongue.

2299 — Taï-siu de femme assise, vêtue d'une robe bleue unie. Le carré de soie qui indique le grade est décoré d'une grue debout sur un rocher battu par les flots (premier grade civil), de nuages, de fleurs de pivoines, du champignon d'immortalité. Un collier de perles pend au cou du portrait. La coiffure est une sorte de bonnet très plat maintenu sur le dessus et les côtés par des bijoux en forme de feuilles ou de fleurs. Le visage est assez finement modelé. Il semble que la robe ne soit pas terminée.

2300 — Taï-siu d'homme assis, vu à mi-corps. Vêtu d'une robe bleue. Sa main gauche ramenée sur sa poitrine empêche de voir complètement l'insigne. Le parement visible d'une manche de son vêtement montre en décor le dragon à quatre griffes. Coiffure surmontée d'une perle taillée bleue.

Peinture sur papier.

2301 — Taï-siu d'homme assis, revêtu d'une robe fourrée bleue unie. Le carré brodé semble décoré de la grue, ailes déployées, perchée sur un rocher. Le bas de la robe dé dessous montre qu'elle est décorée de dragons, flots, nuages multicolores. La coiffure du personnage est surmontée d'une perle blanche.

2302 — Taï-siu d'homme. Robe de dessus richement ornée de dragons, de nuages, de flots. Le carré de soie à l'insigne décoré d'un oiseau aquatique sur rocher battu par les flots, entouré de fleurs, nuages, emblèmes divers. Coiffure surmontée d'une perle taillée, dorée.

Peinture sur soie.

2303 — Taï-siu d'homme. Robe violet-foncé, unie, à l'emblème de la grue sur rocher. (Première classe civile.) Le dragon à quatre griffes se voit sur les parements des manches du vêtement de dessous. Collier de perles au cou du personnage. Sa coiffure est surmontée d'une perle blanche.

2304 — Siao-ing représentant une femme assise dans un fauteuil, sur le devant d'un pavillon ouvert sur un jardin. Elle est vêtue d'une robe violet sombre. Non loin d'elle, trois jeunes femmes. Derrière, une table chargée d'objets : vases, brûle-parfum, presse-papier, etc. Dans le jardin, près d'un roc artificiel, biche en liberté. La figure de la dame est assez finement modelée. L'artiste n'a pas craint de montrer qu'elle avait les oreilles très longues.
Peinture sur soie.

2305 — Siao-ing d'homme assis sur un large fauteuil dans un jardin. Derrière lui, deux serviteurs, l'un tenant un chasse-mouches, l'autre tenant la calotte du maître. Au fond, à travers la fenêtre ronde d'un pavillon, se voit une table sur laquelle sont posés des livres, un instrument de musique enveloppé, des vases et différents autres objets. Visage modelé dans du bistre.
Peinture sur soie.

Diverses peintures laïques

2306 — Cinq bandes. Décorées de rochers, d'arbres, de fleurs, du champignon d'immortalité, de papillons, d'oiseaux. De plus, sur trois d'entre elles, le bas est décoré d'un animal fantastique : le Ki lin, le Kiai-tzé, un quadrupède ailé vert. Cette partie manque aux deux autres.

2307 — Trois bandes. Décorées du dragon à cinq griffes, du Fong-hoang et de pivoines. Dans le bas, un quadrupède fantastique, qui diffère sur chacune d'elles.

2308 — Deux bandes décorées de deux dragons à cinq griffes et de fleurs diverses.

2309 — Trois bandes de papier peint représentant dans le haut, un caractère dans un cercle. Dans le bas, un dragon à cinq griffes, avec la boule enflammée, au-dessus des flots et entouré de nuages.

2310 — Personnage en costume de mandarin, suivi d'un jeune garçon, tenant derrière lui un écran à long manche où sont représentés le soleil et la lune.
Peinture sur toile.

2311 — Jeune fille assise, tenant un écran.
Petite peinture sur papier.

2312 — Jeune fille tenant une branche de prunier.
Peinture faisant pendant à la précédente.

2313 — Jeune fille assise derrière une table. Elle tient dans ses mains un écran et un papillon. Sa chevelure est ornée de fleurs et d'une grosse boule rouge, décorée du swastica. Sur la table se voient: une pêche, une tasse décorée du mot « ki », bonheur, deux fois répété, un vase rouge avec des fleurs de pivoine. Peinture sur papier.

2314 — Divinités et scènes de théâtre. Onze images populaires.

2315 — Supplices chinois. Trente et une aquarelles.

2316 — Emblèmes divers chinois portés ou suspendus en différentes circonstances avec leurs noms. Seize feuilles d'aquarelles.

2317 — Les moyens de transport en Chine à bras ou à traction animale pour les individus et les fardeaux. Dix-sept aquarelles sur papier.

2318 — Mandarins militaires et civils portant sur leurs costumes et leurs coiffures les insignes de leur rang. Treize aquarelles.

2319 — Porteurs de guidons, drapeaux, musiciens, soldats faisant l'exercice du fusil, de l'arc, du sabre, de la pique, etc. Vingt-quatre aquarelles sur papier.

2320 — Femmes diversement occupées. Treize aquarelles sur papier.

PLANCHES GRAVÉES SUR CUIVRE
Épisodes des conquêtes de l'Empereur Khien long
(1736-1796)

2321 — Cinquante-trois planches gravées sur cuivre, représentant des épisodes des conquêtes de l'Empereur Khien long 1736-1796. Elles ont été gravées en France dans la seconde moitié du xviiie, d'après des dessins exécutés par les missionnaires sous la direction de l'Empereur. Elles sont accompagnées de fac-similés de « *pinceaux* » impériaux, ces pinceaux étant des écrits de la main même de l'Empereur, racontant en vers les exploits de ses armées.

IV

LIVRES

LIVRES BOUDDHIQUES

2322 — TA-CHENG-MIAO-FA-LIEN-HOA-KING. Livre sacré du lotus de la bonne loi. 7 vol. A la fin, le nien-hao de l'Empereur Wan-li (1573-1620). Manuscrit. Caractères tracés en or, sur papier bleu. Illustrations au commencement et à la fin.

2323 — CHE-KIA-JOU-LAÏ-YING-HOA-CHE-TSI. Vie de Çakyamuni, gravée sous la surveillance du prince Yu. Edition de 1808. 4 vol. illustrés.

2324 — LE MÊME OUVRAGE.

2325 — PAN-JO-PO-LO-MI-TO-SIN-KING. Abrégé du Prajna paramita sutra. Œuvre philosophique et classique du bouddhisme.

2326 — ALBUM D'ICONOGRAPHIE BOUDDHIQUE. Donnant en couleurs différentes figures mystiques et des emblèmes, avec les noms des divinités auxquelles ces figures se rapportent.

2327 — ALBUM. Reproduisant des divinités bouddhiques, gravé en 1800. 1 vol.

2328 — TSOUEÏ-FO-PAO-TCHAN. Texte bouddhique. 1 vol.

(1) Je rappelle ici que je dois à M. P. Pelliot, professeur de Chinois à l'Ecole Française d'Extrême-Orient à Hanoï, la presque totalité des titres et des renseignements donnés sur les livres de cette Collection.

2329 et 2330 — Recueil de noms de Bouddhas et de Boddhisatvas. Manuscrit daté de 1901. 2 vol.

2331 — Cinq volumes. Représentant, imprimés blanc sur noir, les cinq cents Lohans.

2332 — Taï-chang-kan-ying-pien-t'ou-chouo. Livre des récompenses et des peines. 8 vol. illustrés.

2333 — Un rouleau. Imprimé en blanc sur fond noir, où sont représentés des bonzes dans leurs occupations des douze mois de l'année. Chacune des scènes est séparée par un texte impérial dont l'original est de l'empereur Khien-long (1736-1796).

Livres divers illustrés

2334 à 2335 — Quatre volumes représentant, imprimés en blanc sur fond noir, les portraits des hommes célèbres des dynasties Song, Youen, Ming et Tsing.

2336 — L'Eul-ya. Illustré d'après un manuscrit de la dynastie des Song. Edition 1801.

2337 — Van-cheou-cheng-tien-tchou-tsi. Description des fêtes données à Pékin à l'occasion du 80ᵉ anniversaire de Khien. long, 1736-1796. Edition impériale (livre 42ᵉ).

2338 — Album d'aquarelles reproduisant des scènes de la vie d'un peuple étranger à la Chine.

2339 — Keng-che-t'ou. Ouvrage traitant de l'agriculture et de la sériciculture. Un volume illustré.

2340 — Fo-mou-ta-k'ong-tsio-ming-wang-king. Trois volumes illustrés en couleurs.

2341 — Fen-tchouang-leou-tchouan. Roman illustré. 1 vol.

Livres divers, non illustrés

2340 — Pin-hoa-pao-chien. Vingt volumes de texte. Scènes de la vie de Pékin.

2341 — Fan-sing-t'ou-tsi-yao-pao-lou. Morale populaire. 1 vol.

2342 — Cahier d'étude pour le tibétin. 1 vol.

Proclamation de la mort de Li-Hong-chang

2343 — Proclamation de la mort de Li-hong-chang, donnant ses titres et sa généalogie. 1 rouleau.

Diplômes honorifiques

2344 à 2352 — Neuf diplômes honorifiques impériaux. 2344. Daté de Khan-ghi, 36ᵉ année, 1696. — 2345. Daté de la 36ᵉ année de Khanghi, 1696. — 2346. Daté de Khien-long, 42ᵉ année, 1777. — 2347. Daté de la 45ᵉ année de Khien-long, 1780. — 2348. Daté de la 50ᵉ année de Khien-long, 1785. — 2349. Daté de Tao-kouan, 1821-1851. — 2350. Daté de Tao-kouan, 1821-1851. — 2351. Daté de Tao-kouan, 2ᵉ année, 1822. — 2352. Daté de la 2ᵉ année de Tao-kouan, 1822.

TROISIÈME PARTIE

JAPON

DIVINITÉS

2353 — Kongoya-sha ?? Dieu terrible à trois têtes, ayant chacune trois yeux et montrant des crocs aux coins de leurs lèvres. Leurs cheveux s'élèvent au-dessus d'elles comme des flammes. Le dieu a huit bras et deux jambes. Il est debout, la jambe gauche relevée, le pied droit posé sur une roue, celle-ci dressée de champ sur une vague entourée de vagues plus petites, l'une et l'autre figurées en haut-relief sur un large socle quadrangulaire. Autour de la roue, des ornements rapportés figurent des flots qui rejaillissent. Les huit bras du dieu et ses deux jambes ont tous un bracelet et sont tous entourés par un serpent. Deux de ses bras sont ramenés devant sa poitrine. Les six autres s'écartent de son corps, trois à droite, trois à gauche. Les mains, devant la poitrine, se croisent, poignet contre poignet, et font le même geste : l'index et le petit doigt levés, les autres doigts pliés ; le petit doigt de la main gauche, qui est en avant, accrochant celui de la main droite. Les mains de droite tiennent successivement : un pan d'étoffe, la triçula enrubannée, un anneau. Celles de gauche : une sorte d'écran trilobé, une planchette quadrangulaire enrubannée. L'autre objet manque. Le dieu a le torse nu. Le bas du corps est vêtu d'une jupe courte drapée, dont le haut est replié tout autour en avant ; elle flotte au vent. Cette jupe est serrée à la taille par une longue ceinture d'étoffe nouée deux fois sur le devant ; ses extrémités flottent également au vent. L'écharpe s'élève derrière sa tête, passe devant ses épaules, s'enroule sous ses bras, vient se nouer à sa ceinture, sur chacune de ses hanches, et retombe en ondulant jusqu'à ses pieds. Une autre écharpe va de son épaule gauche à son flanc droit, se noue derrière son dos, tourne autour de son corps et une de ses extrémités passant sous la partie de l'écharpe, déjà parvenue sur sa poitrine, retombe librement en avant. La partie visible du diadème de la figure principale est un ornement formé d'une boule entourée d'une ligne de boutons, puis d'enroulements et surmontée d'une boule plus petite. Les bracelets des bras et des jambes sont faits d'un anneau brisé, dont les extrémités se recourbent et opposent leurs deux volutes qui supportent une boule. Le poignet de la main, qui tient un anneau, est de plus entouré d'une cordelière, de laquelle pendent deux glands. Autour du cou du dieu se voit un grand anneau, analogue à ceux qui forment les bracelets, et dont l'ornement, sur la poitrine, est un fleuron entre deux boules, serti de perles simulées et orné de quatre perles plus grosses, également simulées. De chaque côté de cet ornement sont noués des rubans, et derrière, du milieu de l'anneau, auquel elle est retenue par un nœud coulant, une bande d'étoffe descend sur le dos du dieu, forme une rosette, puis retombe jusqu'à sa ceinture. Le socle est orné sur ses bords d'une suite de points carrés et ronds et de vajras, puis, — entre deux bordures de godrons, et sur une frise verticale divisée en panneaux par de petites colonnes qui rappellent ce même vajra, — de médaillons où courent des rinceaux fleuris.

Très beau bronze, doré, patiné, où l'artiste a fait un rare et très remarquable effort pour représenter les muscles plus ou moins saillants du dieu. Ce bronze n'est pas moins remarquable par ses bonnes proportions, par son équilibre, non seulement matériel, mais aussi artistique, malgré que la statue entière ne repose que d'un pied sur un objet d'apparence aussi peu stable qu'une roue sur champ.

2354. — STATUE DE FEMME debout dont les cheveux sont relevés en un épais chignon qui retombe de côté et est maintenu à la base dans un bandeau orné sur le devant d'un demi-cercle. Elle est vêtue de deux robes superposées de différentes longueurs et d'un veston plus court, à larges manches, serré autour de sa taille par un cordon noué sur le devant, et dont les extrémités pendent et ondulent au vent. De ses épaules tombe l'écharpe céleste, dont elle maintient un des pans de sa main gauche. Celle-ci, ouverte la paume en avant, est dirigée vers la terre, deux des doigts de cette main manquent, deux autres sont mutilés. La divinité porte des boucles d'oreilles.

Vieux bois doré en partie enfumé, en partie recouvert d'un vernis rougeâtre qui s'est écaillé ici et là, démasquant une dorure de très bon aloi, très bien conservée.

2355 à 2357 — Trois petites chapelles à volets, renfermant chacune une divinité en bois doré :

2355. Kouannon. Debout.

2356. Amida. Assis, coiffé de la tiare aux cinq panneaux.

2357. Amida. Assis.

DIVERS

2358 à 2360 — Trois netzkés. Ivoire :

2358. Lion. Sur socle.

2359. Hotei. Coiffé d'une calotte en métal.

2360. Pieuvre. Tenant une coquille d'Ivabi et sur la tête de laquelle se tient un singe.

2361 — Un petit bol. Grès japonais sous couverte brune.

2362 — Plaque sonore. Découpée en forme de cœur portant une date.
Bronze.

www.ingramcontent.com/pod-product-compliance
Lightning Source LLC
Chambersburg PA
CBHW071859160426
43198CB00011B/1163